ALADAR VON WESENDONK

888
COCKTAILS

Long Drinks und andere Mix-Getränke
für die Bar zu Hause

Das große Mixbuch

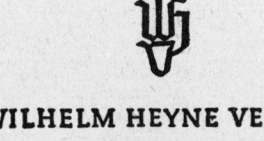

WILHELM HEYNE VERLAG
MÜNCHEN

HEYNE-BUCH Nr. 4013
im Wilhelm Heyne Verlag, München

18. Auflage

Copyright © 1965 by Wilhelm Heyne Verlag, München
Printed in Germany 1976
Umschlag: Atelier Heinrichs, München
Gesamtherstellung: Ebner, Ulm

ISBN 3-453-40013-5

INHALTSVERZEICHNIS

DIE MANHATTAN STORY

Ein Teelöffel Zucker, eine kräftige Prise Ingwer, halb Rum, halb Wasser — so müßte eigentlich das Originalrezept für den berühmten »Manhattan Cocktail« lauten. Denn 1624 überwand nach dem Genuß dieser Mischung der Häuptling der Manhattan-Indianer alle Verkaufshemmungen. Wodurch es dem Herrn Peter Minuit aus Wesel gelang, um Ware im Gegenwert von 24 Dollar die ganze — 1609 von Henry Hudson entdeckte — Strominsel vor der Ortschaft Nieuw Amsterdam anzukaufen.

Das dort gegründete New York, der wichtigste Siedlungsplatz dieser Erde, mit seiner reklamebunten Skyline Manhattans, ist denn auch in jeder Hinsicht ein Cocktail geblieben, an dem die ganze Welt gemixt hat — anfangs mit Rum und später mit Whiskey. Rum ist ein Urdestillat aus dem Zuckerrohr Indiens, das Kolumbus auf dem Wege dorthin aber bereits in Amerika entdeckt hat. Die Kolonisation Amerikas ist ohne dieses Feuerwasser nicht mehr vorstellbar. Woran man sieht, welchen weltbewegenden Einfluß das Brauen, Destillieren und Mixen haben kann. In jenem vielzitierten Schmelztiegel oder Völkercocktail Amerika sammelten sich schon in frühester Zeit Kenntnisse aus aller Welt.

Die Azteken, deren Vorfahren sich auf den Wegen von China verlieren, hatten längst ihren Götterrauschtrank, den Tequila aus Agaven. Bei den Chinesen wiederum war das Mischen feiner, geistiger und geeister Getränke bekannt, und auf die Brahmanen-Priester gehen die Urmischungen der Punsche zurück. Die Bereitung der Sorbets, der Juleps und anderer Eisgetränke verstand man dagegen im Vorderen Orient und in Persien. Ja selbst der Begriff Cocktail, buntschillernder Hahnenschweif, scheint aus Alt-Indien importiert zu sein. Es ist ursprünglich die Bezeichnung für Mischblutpferde, die britische Kavallerie hat sie übernommen und in die neue westindische Kolonie verpflanzt. Europa wiederum ist seit Hippokrates mit Rezepten zu Kräuterweinmedizinen beschäftigt. Die Mythen der Hellenen erzählen von den süßen Mischungen, die Hebe, die Bardame des Olymps, und Ganymed, der schöne Mundschenk der Götter, im Elysium servierten. Und inspiriert von den Genießkünstlern aus Tausendundeiner Nacht haben die Ärzteschule den Weingeist für die Heilkunst gefunden und die Benediktiner- und Kartäusermönche zum erstenmal ihre berühmten Liköre kreiert. 300 Jahre später gibt es bereits Armagnac, und 1550 kommt das Korn- und Geneverbrennen auf, womit endlich die Geschichte vom Whisky beginnt, deren Höhepunkt mit dem klassischen »Manhatten Cocktail« in den zwanziger Jahren erreicht wird.

Aber dieser Weg von fernöstlichen Traumgiftmischern, arabischen Zauberern und ihren Lebenswässern, von schönen Hexen mit Tränklein für die Erfüllung aller Liebeshoffnungen, von Klostermönchen mit Wunderelixieren und heilkundigen Medizinmännern aus dem Busch bis zu den virtuosen Barmixern in allen Metropolen war lang. Jene modernen drinks sind ein Gut nordamerikanischer Kulturgeschichte. Denn dort, in den Gründerstädten wie Boston, Philadelphia oder New York, waren schon im 17. Jahrhundert die Vorläufer der Cocktails, Cobblers, Flips und Egg Noggs in Mode, und dort ist später dann auch die ganze schillernde Welt der Bar entstanden. Und ohne diesen magic touch ist heute kein namhaftes Hotel, kein Club, kein Restaurant, kein Schiff, kein Düsenclipper und kein vernünftiger D-Zug mehr zu denken.

Das kam so! Zuerst gab es in den Weiten des indianischen Kontinents kaum eine Ortschaft. Dafür gab es eine Art Marketendereien, die neben anderen Waren auch Getränke verkauften. Das geschah ganz einfach über den Ladentisch, der oft nur eine gitterartige Schranke war. Diese Schranke wurde Barriere genannt, und daraus entstand der Weltbegriff »Bar«.

Und es dauerte nicht lange, da wurde jene Bar zum Zentrum wichtiger Transaktionen, politischer Pläne, gemeinsamer Entschlüsse — und wo fand der Einsame besser Gelegenheit, einen Gesprächspartner zu finden als beim Kaufmann? Bei ihm hat sich alles getroffen, er kannte alle und er wußte besser Bescheid als die Zeitung und die Börse. So war der Barkeeper nicht nur Getränkemixer, sondern auch Seelenmediziner und vor allem Mittelsmann. Und das ist er noch heute.

Die damals noch mangelhafte Auswahl und Beschaffenheit, die einzelnen Spirituosen einerseits und das viele Neue andererseits führten zwangsläufig zu den Versuchen, zu mischen. Diese Methode wurde dann schrittweise kultiviert, bis es für jeden Gast zu jeder Gelegenheit und Jahreszeit etwas Spezielles und nicht bloß Gemischtes gab: eben etwas kunstgerecht Gemixtes. Ein Amerikaner, Jerry Thomas, brachte dann auch den ersten Bartenderguide, eine

Mischgetränkerezeptsammlung, heraus, und so wurde das Amerikanische die international verbindliche Sprache der Barologie.

Trotzdem vergingen viele Jahrzehnte, bis jene ungezwungene Art
des Stehtrinkens an der Bar eine internationale Gesellschaftsform
wurde, und es scheint nach wie vor Nordamerika zu sein, das in
dieser aufgeschlossenen, unkonventionellen Art menschlicher Be-
gegnung tonangebend ist. Von dort aus entstand dann auch unter
dem Begriff eine ganze Reihe von Einrichtungen: die klassische
American Bar, die bei uns etwa der Hotelbar entspricht, die Tanz-,
die Milch-, die Espresso-, die Snack- und die Bierbar und endlich der
Night Club. Sie alle sind längst alltägliche Umschlagplätze unseres
Daseins.

Heute freilich ist die private Hausbar zu einem wichtigen Bestandteil
des gesellschaftlichen Lebens geworden. Die Cocktailparty gehört
sowohl zu nachbarlichen Beziehungen als auch zur modernen
Society. Es ist eine Brücke über Stände und Klassen, über Alter,
Rassen, Religionen und Nationalitäten hinweg, die Kontakte ohne
tiefergehende Verpflichtung ermöglicht. Und sie bringt jene be-
gehrten Augenblicke der Zerstreuung, der Entspannung und des so
wichtigen Gesprächs.

Wer also am Heute teilnehmen will, wird auch so manchen Cocktail-
empfang mitmachen, und er wird auch seinen eigenen Cocktail geben
und als Hausherr oder »Dame des Hauses« — wir dürfen auch hier
die Gleichberechtigung nicht vergessen — ab und zu in die Rolle des
Barkeepers schlüpfen.

Kurzum, für diese Generation gehört es mit zur Allgemeinbildung,
die Grundbegriffe des Barwesens zu kennen — sich mit der schein-
baren Geheimwissenschaft jener vielbestaunten Magier des drinks
auseinanderzusetzen.

Sie werden sehen, die Mixologie ist keine Hexerei. Mit ein wenig
Sinn fürs Genießen sind auch Sie bald ein Connaisseur, und Sie
können Ihre Freunde mit einem eigenen Cocktail in die Stimmungen
einer beschaulichen Welt versetzen. Doch nun genug der Historie
und der Theorie, trinken wir lieber einen »**Manhattan Supra**«:

> 1 dash Angostura
> $^1/_6$ Vermouth Noilly Prat
> $^1/_6$ Vermouth Stock Rosso
> $^4/_6$ Canadian Club Whiskey
> im Mixglas mit Eis rühren,

ins Cocktailglas seihen,
mit 1 Zitronenzeste abspritzen
und mit 1 Maraschinokirsche servieren

und gehen ohne weitere Vorworte dazu über, uns praktisch mit der Bar und den Cocktails zu befassen!

DIE DO-IT-YOURSELF-BAR

Mit nur einer Flasche Gin und einer Flasche Vermouth kann man eine Bar eröffnen, denn man kann vierzehn verschiedene Martinis damit mixen. Doch hat einen das Mixhobby erst einmal gepackt, dann wird man seine kleine Bar aus dem Wandschrank oder der Kommode sehr bald zu einer möglichst perfekten Hausbar vergrößern wollen. Und hier steht man dann vor der Frage: welche Einrichtungen, Geräte und Zutaten *sind unerläßlich*, wie weit läßt sich dieses Hobby ausbauen?

Hier wird versucht, das Wichtigste für die Einrichtung, alle notwendigen Barutensilien, die bekanntesten Ingredienzen und endlich die gebräuchlichsten Sundries zusammenzustellen; und zwar in einer Skala, die die unbedingt notwendigen Dinge jeweils mit drei Sternen und die nötigen bzw. wichtigen Sachen mit zwei Sternen kennzeichnet. Die nicht gekennzeichneten Gegenstände sind freilich auch erstrebenswert, können aber als exklusiv, also als nicht unbedingt notwendig angesehen werden.

DIE EINRICHTUNG DER BAR

Die Einrichtung der Bar ist zuerst eine Frage des Raumes und dann des Geldes. Schon ein Regal, ein eingebautes Kästchen, eine ausgestaltete Truhe, ein stummer Diener, ein Teewagen können eine Minibar enthalten, aber es ist sicher kein Snobistenspleen, wenn man die gemütlichste Unterhaltungsecke des Hauses in eine Bar verwandelt. Doch verschonen Sie Ihr Haus mit einer unpersönlichen Lokalausstattung. Die Hausbar ist heutzutage ein Lieblingsthema moderner Architekten, und es sei Ihnen überlassen, nach der idealen Form dafür zu suchen; wichtig ist nur, daß hinter der Barriere, der Sperrschranke oder Theke ein nicht zu klein bemessener, gut beleuchteter Arbeitstisch, die »working bench«, angebracht ist. Hier soll Platz für all die Attribute der Mixkunst sein, über die im Kapitel »Bargeräte-ABC« die Rede sein wird. Immer wieder erweist es sich als besonders vorteilhaft, wenn die Hausbar in irgendeiner Form mit der Küche, und sei es nur mit Hilfe einer Durchreiche, verbunden ist, denn das erspart den gesonderten Einbau eines Spülbeckens, eines Kühlschrankes und die Anschaffung vieler Elektrogeräte, über welche die Küche verfügt. Für die Batterie der Flaschen muß griffnah ein Regal existieren, das in einer Nische oder in einem alten Bauernschrank versteckt ist, und das außerhalb der Barzeit verschlossen werden kann. Reichlich Platz beanspruchen auch die Gläser; besonders dann, wenn für alle Gelegenheiten passende Gläser vorhanden sind.

DIE WICHTIGSTEN GLÄSER DER BAR

Schnaps- und Likörgläser

Mindestens 20 bis 25 ccm fassende, stiellose Schnapsgläser, Stengel-, Tulpengläser oder Bolsgläser für Liköre, Pousse Cafés, Knickebeins etc.

Cocktailgläser

Mindestens 50 bis 65 ccm fassende, schalen- bis kelchartige Stielgläser für Cocktails, Vermouths, Süßweine, Aperitifcocktails, kalte Punsche etc.

Schwenker oder Ballongläser

Zwischen 50 bis 300 ccm fassende, dünnwandige Ballongläser, Schwenkschalen und Schwenker für Edelspirituosen, Cognac, Kirsch, Calvados etc.

Sektgläser

Von 100 bis 200 ccm reichende, verschiedene Sektschalen und Sektkelche. Die kleinen für Sektcocktails, Fancy Drinks, Flips und Daisies, die größeren für Cobblers, Frappés, Sorbets und die ganz großen für Kullerpfirsiche

Weingläser

Etwa 100 ccm fassende Weingläser und Ballongläser mit Stiel für Crustas und Weißweine oder edle Rotweine

Old Fashioned und Tumblers

Von 50 bis 250 ccm fassende, stiellose, massive Gläser — von den kleinen, schrägen Old Fashioned-Gläsern und den geraden Tumblers für Whisky pur, über die mittleren und größeren für Fizzes, Sours und schließlich die ganz hohen für Limonaden, Collinses, Juleps und Egg Noggs

Punsch- und Groggläser

200 ccm fassende Gläser für heiße Getränke aus massivem Jenaer Glas, entweder mit kurzem, dickem Stiel oder Henkel oder mit einer Holz-, Flecht- oder Silbereinfassung für Glühweine, Grogs und Punsche

Wasser- und Weingläser

$1/8$ bis $1/4$ fassende, stiellose, glatte Gläser, hauptsächlich für Land- und Rotweine oder auch zum Abmessen und für Wodka

Bowlegläser

Mittlere bis 200 ccm fassende Tonnengläser mit Henkel, meist passend zur Bowle, einer großen 3 bis 5 Liter fassenden Glasterrine mit Deckel, die in einer Silber- oder Glasschale sitzt, in der sich Eis befindet.

Weißweine

Rhein-Mosel-Saar   Pfalz   Weißer Burgunder
Chablis

Bocksbeutel, Baden, Franken   Weißer Bordeaux,   Anjou, Vornay
Sauternes, Graves

Soave Frascati   Orvieto   Verdicchio,   Elsass,   Apulien, Sizilien
Provence   Wachau

Rotweine

Chianti   Alicante   Rioja   Bordeaux   Burgund   Südtirol

Sekt

Champagner, Glas und Schale, Sektkübel, Sektkelch   Magnumflasche   Piccolo
Sektschwenker

Brandys   Südweine

Weinbrand Cognac Kirsch   Calvados   Portwein   Sherry Wermuth

Liköre – Aperitifs

Liköre und Schnäpse   Aperitifs

Whiskies

Scotch Whisky   Irish Whiskey   Bourbon Whiskey   Canadian Rye Whiskey

Cocktailgläser

Cocktailgläser Sekt- und   Longdrinks   Tumblers   Daisy   Wodka,   Crusta
              Ballongläser und Cobblers   Aquavit

Heiß und Kalt

Heiße Drinks und Grogs   Punsch und Bowlen   Feuerzangenbowle

Klare Wässer

Maraschino   Barack   Gläser für Edelbrände   Steinhäger
Birne, Sliwowitz, Himbeer

Biergemäße

Maßkrüge   Biergläser   Weiße mit Schuß

Barutensilien

Meßzylinder   Shaker   Mixbecher   Eiskübel   Barglas   Dashbottle
und -becher

BARGERÄTE-ABC

Abfalleimer***
Mittlerer Plastik- oder Metalleimer für alle Barabfälle, Korken,
Schalen und leere Flaschen.

Abspülschüssel***
Wenn die Bar kein eingebautes Spülbecken hat, nehme man eine
Schüssel mit Warmwasser, um die leicht verklebten Flaschen, Gläser
und Meßbecher reinigen zu können. Kein Seifenwasser, sondern
Salzlösung benutzen.

Barlöffel*** — Mixlöffel (bar spoon), Rührstäbchen (mixing spoon)
Ein langstieliger Limonadenlöffel aus Silber
oder Plastik, er nimmt als Maß den Inhalt eines
Tee- oder Kaffeelöffels auf (5 ccm) und dient
zum Verrühren der Cocktailzutaten mit Eis im
Mixglas. Jede Bar sollte mehrere langstielige
und kurzstielige Barlöffel (Teelöffel) enthalten.
Zum Rühren im Mixglas wird oft nur ein Glas-
oder Silberstäbchen mit einem kleinen knopf-
artigen Ende benutzt.

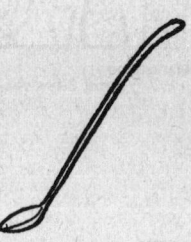

Barsieb (strainer)***
besteht aus einer gelochten Silberplatte mit
einem spiralfederartigen Rand. Ein Barsieb
paßt genau in einen shaker und dient dazu,
beim Abgießen der gemixten oder geschüttelten
Cocktails das Eis und andere Zutaten wie z. B.
Zitronenschale oder Kerne zurückzuhalten; notfalls kann man auch ein einfaches Tee- oder
Küchensieb benutzen.

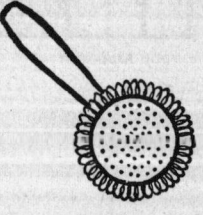

Bestecke***
Unentbehrlich sind ein sehr scharfes Messer, ein nicht rostendes
Obstmesser, ein Schäler, wie man ihn zum Zitronen-, Spargel- oder
Kartoffelschälen benutzt, einige Silbergabeln und eine sehr spitze
drei- oder zweizinkige Küchengabel.

Bitterflasche — Spritzflasche (dashbottle)***

Das ist die Maggiflasche der Bar: eine kleine Glas-
oder Kristallflasche bzw. Karaffe mit einem Spritz-
korkenverschluß. Sie enthält jene Zutaten, die nur
dashweise, d. h. spritzerweise, verwendet werden.
Ein dash sind drei bis vier Tropfen, nämlich die
Menge, welche mit einem Kippschwung durch den
Spritzkorken der dashbottle schießt. Notfalls kann
man auf eine kleine Flasche einen solchen Spritzkorken aufsetzen.
Eine gute Bar muß mindestens zwei dashbottles für Angostura und
Orangenbitter haben. In einer Hotelbar gibt es gewöhnlich acht
Bitters und ebenso viele Sirups.

Cocktailstäbchen***

Kleine Plastik-, Silber- oder Holzspießchen zum Greifen der Cock-
tailbits wie Oliven, Früchte und andere kleine Cocktailhappen. Im
Notfall genügen hier auch Zahnstocher.

Dekantierkorb — Dekantierkaraffe (decanter)**

Decanter ist französisch und heißt umgießen.
Das ist besonders wichtig für alle Rotweine,
Bordeaux, Burgunder oder Portwein, bei denen
sich Satz ansammelt, der nicht in die Trinkgläser
geraten soll. Man füllt diese Weine daher vorsichtig in Dekantierkaraffen oder serviert sie zumindest im Dekantierkorb liegend, das sind meist
strohgeflochtene Henkelkörbchen, in denen die
Flaschen schräg und ruhig lagern.

Dosenöffner — Dosenschlüssel***

Hier wählt man einen einfachen, aber praktischen Allzwecköffner.

Eiergestell***

Da der Mixer stets frische Eier zur Hand haben muß, steht in der
Bar entweder ein kleines Holzgestell oder eine Eierbox aus Plastik.

Eis (Ice, Glacé)***

ist für jede Bar unerläßlich, aber Eis ist nicht gleich Eis. Denn es
kommt sehr darauf an, wie frisch und rein das Wasser war und ob es
sich um Roheis in Blöcken oder um Eiswürfel aus dem Kühlschrank

handelt. Altes Kühlschrankeis schmeckt oft nach Speiseresten. In jedem Fall sollte Bar-Eis sehr trocken und möglichst kalt sein.

Eisschrank***

muß im Hause sein. Komplette Bars haben einen eingebauten Eis- bzw. Kühlschrank und ein eigenes Eis- und ein Flaschenkühlfach. *Roheis* sollte nie in Wein- oder Bowlenmischungen gegeben werden. *Eisblöcke* werden nur für kurze Augenblicke bei großen Bowlen- und Punschmischungen gebraucht oder um darin in ausgebohrten Löchern bestimmte Flaschen wie z. B. Wodka aufzubewahren. Auch Schalen mit Kaviar, Obstsalat friert man darin ein. Grundsätzlich gehören zum Schütteln und Rühren von short drinks große *Eis-stücke*. Zum Schütteln und Rühren von long drinks *kleingewürfeltes* und *geschabtes Eis*.

Es gibt also verschiedene Eissorten:

Mixeis, walnußgroße Eisstücke oder Kuben für short drinks und Mixturen »on the rocks«.

Fizzeis, etwa haselnußgroßes Eis für drinks, die stark und schaumig geschüttelt werden.

Cobblereis, das ist fein wie grober Kristallschnee.

Frappéeis, geschabtes Eis für alle Kombinationen.

Eisschnee, mit Früchten oder Eismixturen.

Eiscreme, das ist konditormäßig zubereitetes Speiseeis für Sorbets und Glacé drinks.

Eisschaber ist eine Art Schabmesser, wie man es für türkischen Honig verwendet. Es gibt aber auch handbetriebene oder elektrische Eisschaber.

Eispickel*** ist ein Stahlnagel mit Griff: man zerkleinert Eisblöcke oder größere Brocken damit.

Eissäckchen**, ein kleines Schlagsäckchen aus Leinen, worin grobes Eis auf einer festen Unterlage mit einem **Holzhammer**** zerkleinert wird.

Eistuch***, Eis soll immer nur auf einer Leinenserviette zerkleinert, geschabt oder zerschlagen werden, damit es nicht auf seinem Tropf-wasser wegrutscht.

Eisschaufel** ist eine Silberschaufel zum Umfüllen des Eises, ähnlich einer Mehlschaufel; auch ein Suppenlöffel genügt.

Eiskübel** sind kleine Glasschalen mit Silberrand und Henkel, in denen das präparierte Bar-Eis serviert wird. Dazu gehört auch eine

Eiszange**, zur Not kann man auch eine größere Zuckerzange nehmen.

Sektkübel*** ist ein meist verchromter Metall- oder Plastikeimer, groß genug, um eingerahmt von zerschlagenem Eis zwei bis drei Sektflaschen zu fassen. Serviert man Champagner oder Sekt im Eiskühler, so darf man die Serviette nicht vergessen; man schlägt die rutschig-nassen und tropfenden Flaschen darin ein, bevor man sie öffnet und einschenkt.

Tauwasser. Jeder Mixer muß darauf achten, daß sich bei seinen Vorbereitungen kein Tauwasser im shaker oder Mixglas löst. Um die Gläser für bestimmte drinks zu kühlen, ist es besser, sie in den Eisschrank zu stellen, als sie mit Eis auszuschwenken.

Elektrogeräte

Anschlüsse**. Jede festeingebaute Bar sollte über genügend Stromanschlüsse verfügen — so montiert, daß keine langen Kabel das Hantieren behindern.

Elektroplatte***. Jede gut eingerichtete Bar verfügt über eine kleine Elektroplatte zum Erhitzen von Alkohol, zum Flambieren oder für die Bereitung von Punsch, Grog oder auch nur, um verschiedene Zutaten wie Eier usw. kochen zu können.

Tauchsieder**. Sehr zu empfehlen ist die Anschaffung eines kleinen Tauchsieders, weil sich mit ihm vor allem heiße Einzelcocktails, Grogs usw. gut bereiten lassen; ist auch leicht zu reinigen.

Elektromixer. Es gibt eine ganze Reihe von Elektromixern, die sich in der Bar bewährt haben. Sie bedeuten eine große Arbeitserleichterung, besonders wenn es sich um die Herstellung von Cocktails, die lange geschüttelt werden müssen, handelt, wie z. B. Fizzes mit Ei.

Elektropresse. Eine elektrische Fruchtpresse ist freilich ein Luxus, aber, da sie sich auch sonst im Haushalt vielfach verwenden läßt, keine überflüssige Anschaffung.

Toasträster. Was für die Elektropresse gilt, trifft auch für den Toasträster zu. Er ist nicht unbedingt notwendig, aber man kann seinen Gästen damit ausgezeichnete Snacks und Barbits (Barbissen) bereiten.

Kleingrill. Eine schicke Sache ist der Elektrogrill für kleine warme Überraschungsgerichte und im Sommer für die Barbecue Party im Freien.

 **Kaffeemühle**, Mokkamühle***.** An jeder Bar wird auch Kaffee getrunken, und Kaffee ist ein wichtiges Ingredienz vieler drinks. Bei aller Vollkommenheit moderner Elektro-Kaffeemühlen bleibt dennoch die türkische Mokkamühle das beste Instrument. Der Idealfall ist natürlich, beides zu besitzen.

Kaffeemaschine findet man ohnedies in fast jedem Haushalt. Doch sollte man auch direkt an der Bar Mokka und Espresso servieren können. Dazu ist eine kleine Espressomaschine, auch wenn sie nicht elektrisch funktioniert, am geeignetsten.

Flaschenöffner***. Am besten einen mit dem Korkenzieher kombinierten Hebelöffner für Verschlußkappen und mit einer Vorrichtung zum Eindrücken von Gießlöchern in Konserven- oder Bierdosen.

Fruchtpresse (squeezer)***. Eine einfache Handzitronenpresse genügt. Sie ist sogar besser als eine moderne Hebeldruckpresse, welche zwar schneller arbeitet, aber auch Kerne und Schalenöle mitauspreßt. Der Idealfall freilich ist die elektrische Frucht-presse oder ein Universalentsafter. Neben diesen Pressen ist es gut, kleine silberne Ausdrücker für Zitronen-schnitze oder Zitronenscheiben bereit zu haben.

Kasserolle**. Für die heißen Cocktails, besonders für Punsch, be-nötigt man kleine und große Kasserollen. Sie sollen emailliert sein und einen gutschließenden Deckel haben oder wenigstens keine zu große Oberflächenöffnung. (Weder Spirituosen noch Wein dürfen kochen. Nur bis kurz vor den Siedepunkt erhitzen.)

Korken***

Für jede Bar benötigt man größere und kleinere Flaschenkorken mit einem Griff, die beim vielen Öffnen und Verschließen nicht so leicht brechen.

Spritzkorken*. Ferner ist es nützlich, Korken mit einer eingebauten Spritzvorrichtung zu haben, die jedesmal nur die Summe von drei bis vier Tropfen, also einen dash, aus der Flasche fließen lassen.

Kippkorken*. Dann gibt es noch Korken mit eingebautem Röhrchen, durch das mit dünnem Strahl rezeptgenau eingeschenkt werden kann.

Patentausgießer* sind Korken mit Patentmeßkippern, die jeweils nur eine bestimmte Menge ausgießen, was die Zubereitung sehr erleichtert.

Sektkorken*. Um angebrochene Sektflaschen weiter benützen zu können, verwendet man Korken mit einer Patentklammer.

Flaschenverschlüsse*. Für angebrochene Sirups, Sodas und Saftflaschen nimmt man Plastikverschlußkappen.

Korkenzieher*. Als Korkenzieher soll man in der Bar nur Hebelkorkenzieher benutzen, durch die auch ein älterer Korken nicht bröckelt. Beim Öffnen einer Flasche achte man immer darauf, ob Korkenstaub in die Flasche gefallen ist, auch prüfe man vorher, ob das betreffende Getränk Korkgeschmack oder -geruch (Zapfengout) hat.

Korkendraht*. Es ist ein Instrument mit mehreren Hakendrähten, mit dem man einen Korken, der in die Flasche gerutscht ist, greifen und herausziehen kann.

Meßbecher**
Der Meßbecher ist eine Art Glastrichter mit verschiedenen Meßskalen, um Mixzutaten genau abmessen zu können.

Meßgläser**
Für jede Bar werden mehrere Meßgläser gebraucht, so z. B. für Cocktails mit einer Skala bis zu 50 ccm oder 5 cm Inhalt, Likörgläser mit einer Skala bis zu 25 ccm oder 2,5 cl und schließlich die amerikanischen Doppeltrichter für das genaue Whiskymaß (ca. 42 ccm) und auch für 1 pony oder für 1 ounce = 28 ccm (1½ pony = 1 jigger).

Am wichtigsten aber ist ein Standardmeßglas mit der Einteilung für $^1/_8$, $^1/_4$, $^1/_3$, $^1/_2$, $^2/_3$, $^3/_4$ und einen ganzen Cocktail. Schließlich gibt es noch einen sehr genauen Meßzylinder mit einer Skala, die für vier Cocktails ausreicht und obendrein die entsprechende Unterteilung für Fünftel, Siebtel und Neuntel hat.

Meßzylinder (mixboy)**

Der mixboy ist ein Hilfsmittel, das auch den Unerfahrenen in die Lage versetzt, mehrere (bis zu 30) Cocktails rezeptgenau zu mixen.

Mixglas — Barglas — Barmischglas***

Alle Cocktails, die nicht geschüttelt, aber vermischt werden müssen, werden in einem dickwandigen, stabilen Mixglas, das ca. 1 Liter faßt, mit einem langstieligen Barlöffel oder Mixstäbchen verrührt. Es kann auch ein Porzellanbecher mit einem Ausgießschnabel zum Zurückhalten der Eisstücke sein. Meistens werden die Zutaten für mehrere Cocktails im Mixglas abgemessen und mit Eis gekühlt, das aber nicht mit in die Cocktailgläser kommt. Mehr als vier Cocktails sollte man nicht auf einmal mixen, weil sich dabei zu viel Eiswasser absondert. Notfalls benutzt man den unteren Teil des Schüttel-bechers bzw. shakers als Mixgefäß.

Muskatreibe***

Ebenfalls unentbehrlich für jede Bar ist eine kleine Metallreibe für Muskatnuß, Gewürze, Nüsse und Zitronenschalen.

Obstkorb — Obstschale***

In der Bar benötigt man ständig verschiedene frische Früchte, beson-ders Zitronen und Orangen, die in einem Körbchen oder einer Schale griffbereit sein sollten.

Pfeffermühle**

Schwarzer und weißer Pfeffer, Koriander und andere Gewürzkörner sind frisch gemahlen noch einmal so aromatisch.

Quirl**

Für Sekt und Sektcocktails sollte man auf Verlangen seiner Gäste Holzquirle zur Hand haben, mit denen sich die prickelnde Kohlen-säure im Sekt vertreiben läßt.

Rührfix**

In jeder Bar kommt es vor, daß man Eischnee oder Sahne zu schlagen hat, und dazu ist ein Rührfix oder noch besser ein Behälter mit einem eingebauten Rührwerk am praktischsten.

Schneebesen***

Dennoch braucht man einen kleinen Schneebesen für den Fall, daß man eine Chaudeau oder eine Creme wie z. B. Zabaglione aufzuschlagen hat. Sobald nämlich eine Mischung mit Eigelb über dem Feuer im Wasserbad erwärmt wird, muß sie ständig locker geschlagen werden, was nicht immer mit einer Gabel, die man notfalls fürs Eischneeschlagen benützen kann, gelingt.

Schneidebrett***

Unerläßlich für die Hantierungen an der Bar ist ein Holzbrett zum Schneiden von Zitronen, Orangen und anderen Zutaten sowie ein Brotbrettchen.

Schüttelbecher (shaker)***

Ohne shaker keine Bar. In ihm werden alle Kombinationen mit Fruchtsäften, Sirup, Honig, Eiern und Sahne (meist in Verbindung mit Eis) geschüttelt. Am vorteilhaftesten ist ein versilberter, massiver, zweiteiliger shaker. Es gibt auch dreiteilige mit eingebautem Sieb, doch darin setzen sich gerne Eiweiß und Fruchtfasern fest. Darum hantiert man praktischer mit einem zweiteiligen, gut schließenden shaker und dem Barsieb, dem strainer.

Siphonflasche**

Auch die kleinste Bar sollte über eine Spritzflasche verfügen, in der durch Einsetzen von kleinen Patronen kohlensäurehaltiges Sprudel-, Soda- oder Selterswasser erzeugt wird. Sie gehört immer wieder in den Kühlschrank. Notfalls können zu diesem Zweck auch Soda- oder Seltersflaschen verwendet werden, doch die Reste angebrochener Flaschen sind sehr schnell schal und labbrig.

Strohhalm — Saughalm — Trinkhalm (chalumeau)***

Eine Unzahl von Bargetränken wird mit einem Trinkhalm, sei er nun aus Stroh oder aus Plastik, getrunken. Man muß deshalb in genügender Menge kurze und lange Trinkhalme bereit halten.

Trichter***

Zum Instrumentarium jeder Bar gehören auch Trichter verschiedener Größen, möglichst aus Plastik, und darunter einer mit eingebautem Haarsieb oder Leinenfilter; denn nicht immer sind Papierfilter, wie man sie sonst benützt, geeignet.

Untersetzer**

Neben kleinen Untertassen sollte man auch hitzebeständige Untersetzer für Gläser mit heißen oder klebrigen Getränken haben.

Zuckerdose – Zuckerstreuer***

Zucker wird in der Bar in vielen verschiedenen Formen verwendet, darum braucht man mehrere Dosen zumindest für Würfel-, Kandis-, Karamel-, Staub- und Puderzucker, und einige Streuer für die Aromenzucker wie z. B. Vanille-, Orangen- und Zitronenzucker.

ZUTATEN

Das Allerwichtigste in der Bar sind natürlich die Spirituosen, aber welche unter den vielen Produkten aller Länder *muß* (***), *sollte* (**) und *möchte* ein Hausbarkeeper besitzen ...

Aperitifs

Amer Picon
Byrrh
Campari***
Cynar
Rabarbaro
Dubonnet
Suze
Pernod**
Ricard
Ouso
Vermouth rot**
Vermouth weiß**
Vermouth französisch
   extra dry***
Lillet

Bitters

Angostura***
Fernet Branca
Calisay
Boonekamp
Orangenbitter***
Peachbitter**
Sechsamtertropfen

Weinbrände

Weinbrand***
Marc
Cognac
Fin Champagne
Armagnac**

Rum

Jamaica Rum***
Kuba Rum
Martinique Rum**
Weißer Rum**

Fruchtbrände

Kirschwasser***
Sliwowitz**
Pflümliwasser
Himbeergeist**
Barack Pàlinka**
Mirabellengeist
Williamsbirne
Calvados**

Liköre

Bénédictine D.O.M.***
Chartreuse gelb und grün**
Grand Marnier
Cointreau***
Van der Hum
Curaçao**
Maraschino***
Cherry Brandy**
Apricot Brandy**
Peach Brandy
Blackberry Brandy
Prunelle
Bergamotte
Drambuie
Parfait d'Amour
Cordial Medoc
Advocaat
Creme de Cacao
Creme de Noyaux
Creme de Mandarine
Creme de Mokka
Creme de Menthe

Cassis
Kroatzbeere
Anisette
Campari Cordial

Whiskies

Highland Scotch
Blended Scotch***
Irish Scotch**
Bourbon Whiskey***
Straight Whiskey
Rye Whiskey**
Canadian Whiskey**

Die klaren Brände

Gin dry***
Old Tom Gin
Sloe Gin
Genever
Steinhäger
Korn
Wodka***
Zubrowka
Aquavit
Tequila**
Allasch
Batavia Arrak**
Schwedenpunsch

Weine

verschiedene Weißweine
verschiedene Rotweine
Sekt***
Champagner
Piccolo
roter Sekt
Malaga
Tokajer
Sherry***

Marsala
Portwein***
Madeira
Apfelwein

Säfte

Limejuice***
frischer Zitronensaft***
frischer Orangensaft***
Yoga Sauerkirsch
Yoga Aprikosen
Yoga Pfirsich
Johannisbeersaft
Apfelsaft
Ananassaft
Grapefruitjuice**
Tomatenjuice***
Pash (australischer Fruchtsaft)

Bier

Helles und dunkles Bier
Ale
Stout
Pils

Mineralwasser

Soda***
Siphon***
Selterswasser
Mineralwasser
Vichy
Apollinaris
Tonic Water**
Quini
Cola
Ginger Ale***

Zucker und Sirup

gehören in sehr viele Cocktails, darum sollte man immer allerlei
Zuckersorten bereithalten, und zwar:

        Würfelzucker**
        Kristallzucker
        Grießzucker***
        Puderzucker
        weißen und braunen Kandiszucker
        Karamelzucker**
        Zuckerhut-Lombenzucker**

Am wichtigsten für die Bar ist jedoch der

        Zuckersirup***

denn er löst sich leichter als alle anderen Zuckersorten (besonders in
Alkohol) auf. Der feinste Zuckersirup ist der auf kaltem Wege her-
gestellte. Man nimmt dazu ein Kilo Kristallzucker, das man mit
Hilfe eines Trichters in eine Zweiliterflasche füllt. Darauf einen Liter
frisches kaltes Wasser, und alles zusammen von Zeit zu Zeit schütteln, bis der Zucker sich löst. Dann füllt man die Flasche nach und
nach ganz mit Wasser und lagert den Sirup kühl, aber nicht zu kalt,
weil sonst der Zucker wieder auskristallisiert.

Die Sirupflasche nie verkorken, weil Korken festkleben, sondern immer einen Schraubverschluß verwenden!
Einfacher ist es, Zuckersirup im warmen Prozeß herzustellen, nämlich durch Aufkochen und Abschäumen der Lösung, bevor man sie auf Flaschen zieht und ebenfalls kühl lagert.
Zuckersirup kann verschieden stark eingekocht werden:

1 Kilo Zucker 2 Liter Wasser
1 Kilo Zucker 1 Liter Wasser
4 Tassen Zucker auf 1 Liter Wasser

An Stelle des Zuckersirups werden in der Bar sehr häufig
Grenadinesirup (aus Granatäpfeln)***
und neuerdings
Maplesirup (aus Ahornsaft)**
verwendet.
Auch aus Karamelzucker lassen sich Zuckersirups herstellen, die Hunderten von Cocktails eine eigene Note geben, und schließlich wird in der Mixkunst auch noch
Orgeatsirup (aus Mandelmilch)
an Stelle von Zuckersirup verwendet.

Im übrigen sind die wichtigsten Sirups der Bar:
Vanillesirup**
Himbeersirup**
Erdbeersirup**
Ananassirup**
Kirschsirup**
Cassissirup
Schokoladensirup
abgesehen von den Sirups, die beim Öffnen von Konserven anfallen, und die mehr und mehr Beachtung in der Bar finden:
Boisenbeeren (skandinavische Him-Brombeeren)
Cumquats (chinesische Zwergorangen)
Guavas (afrikanische feinsäuerliche Frucht)
Chow Chow (eine chinesische Tropenfrucht)
Papayas (eine delikate mexikanische Melonenfrucht)
Lychees (eine ostasiatische Kirsch-Erdbeerfrucht)
Ingwer (eine indisch-chinesische Gewürzwurzel)
Lotosnüsse (japanische Kastanienmilch)
Griechische Rosenblätter in Sirup
Mango in Sirup (eine indische Frucht)

Im Zusammenhang mit dem Zucker muß auch Honig*** genannt
werden. Waldhonig ist nicht so gut geeignet wie Zitronen- und
Orangenblütenhonig oder Hymettos-Honig aus Griechenland.

Zitrusfrüchte und Juice

Das A und O aller Mixkunst ist der richtige Umgang mit Zitronen
und Orangen. Als Voraussetzung dafür muß man wissen:
Es gibt von beiden Früchten ungezählte Arten. Die edelste Zitrone
wächst an der Küste südlich von Neapel. Sizilianische, spanische und
griechische Zitronen aber sind saftiger. Die kleinen ägyptischen sind
extrem sauer. Außerdem gibt es noch die großen und dickschaligen
Limonen, die mit der Schale gegessen werden. In Mexiko wächst die
grüne Lime, eine Limonelle, deren Saft, Schale und Sirup in der Bar
eine große Rolle spielen.
Die Varietäten von Orangen sind noch reichhaltiger. Von der süßen
über die Blut- bis zur Bitterorange. Wieder andere Geschmacks-
richtungen ergeben sich aus den Pomeranzen, von denen eine grüne
unreife Art aus Westindien den Curaçao liefert, der weiß, orange,
rot, blau und grün zu haben ist.
Aus anderen Bitterorangen- und Pomeranzenschalenextrakten wird
der Cointreau bereitet und aus Orangen: Cordials, Grand Marnier,
Cusenier, Stock Orange usw.
Neben Mandarinen, Clementinen und Tangarinen, der Grundlage
des südafrikanischen Van der Hum Likörs, sind für die moderne Bar
die japanischen Zwergmandarinen und die chinesischen Cumquats,
bittere Zwergorangen, von zunehmender Bedeutung.
Unentbehrlich für die Mixerei sind die großen Grapefruits oder
Pampelmusen.

Schalenöle

Alle die genannten Zitrusfrüchte enthalten in ihren Schalen hoch-
aromatische, ätherische Öle, die zum Abspritzen der Cocktails von
Bedeutung sind. Das geschieht durch Knicken und Ausdrücken
kleiner Schalenstücke, der sogenannten Zesten. Wo es besonders
auf den Schalengeschmack ankommt, fängt man das flüchtige Aroma
durch Abreiben ein, am besten mit Würfelzucker, der die verfliegen-

den Aromaspritzer aufsaugt. Wo immer für Cocktails oder Bowlen Schalen, Zesten oder ganze Spiralen gebraucht werden, sei man darauf bedacht, die Schale mit einem scharfen Messer möglichst dünn abzuschälen, daß das Weiße, Bittere der Schale zurückbleibt. Je engporiger eine Schale, desto geeigneter.

Achtung! Hierzu nur ungespritzte, also nicht chemisch konservierte oder gefärbte Früchte benutzen und alle Früchte vorher gründlich waschen.

Wenn irgend möglich sollte in der Bar nur frischer und von Hand gepreßter Saft verwendet werden; Kerne nicht mitquetschen!

Früchte — Konserven

Hier stehen an erster Stelle die »Oliven« und unter diesen wiederum die in Salzlake nach der spanischen Methode aufbereiteten Speiseoliven aus Sevilla, von denen es ganze grüne und entkernte, aber auch mit Mandeln, Nüssen, Pistazien, Sardellen, Zwiebeln oder Pimentos gefüllte Sorten gibt.

In Essig und Öl eingelegte schwarze Oliven gehören nicht in Cocktails, sind aber excellent als Cocktailknabbereien.

An zweiter Stelle fungieren in der Bar die »Kirschen«, obenan die leider teuren Maraschinokirschen***, doch daneben gibt es auch noch andere Arten von Cocktailkirschen:

> Süßkirschen in Weinbrand
> Sauerkirschen in Weinbrand
> Süßkirschen in Rum
> Sauerkirschen in Rum
> süße und saure Kompottkirschen
> Süßkirschen in Pfefferminzsirup

Wie Kirschen, so werden auch Pflaumen, Ananas und Weintrauben in verschiedene Alkoholika eingelegt, und der erfahrene Barkeeper wird auch stets einen Rumtopf mit vielerlei Früchten parat haben.

Früchte in Alkohol halten sich unbegrenzt, wenn man sie in verschlossenen Gläsern verwahrt.

Früchte in Sirup halten sich längere Zeit, besonders im Kühlschrank.

Nicht so die einfachen Fruchtkonserven. Deshalb ist es gut, nicht zu große Dosen einzulagern und einige Gläser mit Vacuumverschluß anzuschaffen.

Sirups oder Früchte (Grenadine), die leicht in Gärung übergehen, macht man mit einem Zusatz von 30% Wodka oder Weinbrand oder 15% Reinsprit haltbar.
Unter dem Stichwort Zucker und Sirups sind bereits mehrere wichtige Barfrüchte und Konserven erwähnt. Aber man sollte außerdem immer Obst der Saison unter seinen Barvorräten haben.

SUNDRIES

Das sind alle die kleinen Drumherums, die Knabbereien und Grundlagen für Partysnacks:

Scharfe Sundries

Oliven
Zwiebeln
Cocktailwürstchen
Schinkenwürfel
Salamiwürfel
Kolbaßscheiben
Räucherspeckwürfel
Käsewürfel aller Sorten
Feingeschabtes Bündnerfleisch
Krabben
Spanische Muscheln
Geräucherte Austern
Sardellen
Tintenfisch
Lachs
Anchovis
Senffrüchte
Eingelegte Pilze
Cornichons
Artischockenherzen
Peperoni

Cocktailgemüse

Radieschen
Karottenstäbchen
Chicoréeblätter
Stangensellerie
Blumenkohlröschen
Avocados

Cocktailfrüchte

Kandiert in Sirup oder
   karameliert
Ananas
Datteln
Ingwer
Weintrauben
Pflaumen
Maron Glacé
Feigen
Alle Arten Trockenfrüchte
Alle Arten Nusse
Kaffeebohnen
Kartoffelchips
Paprikachips
Salzstangen
Käsegebäck
Kümmelgebäck

Neben diesen Zutaten gibt es noch eine lange Liste von **Würzen**, **Saucen** und **Ingredienzen**, die die Mixapotheke der Bar füllen sollten.

Meersalz
Selleriesalz
Schwarzer Pfeffer
Weißer Pfeffer
Cayenne Pfeffer
Paprika
Vanille
Zimt
Nelken
Muskatnuß
Frische Minze
Tomatenketchup
Hot Ketchup
Chilisauce
Tobasco
Sangrita (eine mexikanische
   Tomaten-Orangen-Limonen-
   saftmischung)

Worcestershiresauce
Austernsauce
Olivenöl
Essig
Schokolade
Mokka gemahlen
Nescafé
Espresso gemahlen
Ceylon Tee
Darjeeling Tee
Grüner Nestee
Kakaopulver
Milchpulver
Milch
Sahne
Eier
Austern in Dosen
Austern geräuchert in Dosen
Perlzwiebeln
Nuts (Nüsse)

Dips und Butter

Immer mehr geht man dazu über, an Stelle eines kalten oder warmen Partybüfetts mehrere Schalen Butter oder Dips und mehrere
Brotsorten hübsch garniert anzurichten, um es jedem einzelnen zu
überlassen, sich ein Brötchen oder Snacks zu bereiten. Dips sind
überwiegend Sahnequarkmischungen. Es gibt Kräuter-, Paprika-,
Käse-, Curry-, Krebs- oder Avocado-Dips.
Und es gibt Sardellen-, Lachs-, Trüffel-, Schinken- oder Kräuter-
butter.
Der Phantasie sind hier kaum Grenzen gesetzt. Es gilt nämlich zu
kombinieren. Kleine Cocktailspießchen zum Beispiel:
Feigen, Bananen, Ananas, Pflaumen oder Kirschen mit Schinken und
Käse.
Käse mit Oliven, Zwiebeln, Trauben, Radieschen und Würstchen.
Oliven, Gurken, Zwiebeln, eingelegte Pilze und Artischockenherzen
mit Sardellen, Krebsen, Lachs, Muscheln, Schinken und Speck.
Avocados, Peperoni oder Spargelköpfe mit Ei, Käse und kandiertem
Ingwer.

BEGRIFFE — TIPS — KLEINE KNIFFE

Drinks mit Kräuterweinen und Bitterextrakten, die keine Chinarinde enthalten, wirken appetitanregend und heißen »Appetizers« oder »Apéritifs«.

Drinks mit Kombinationen solcher Appetitelixiere, aber mit kompakteren Zutaten, sind die »before dinner Cocktails« oder »Abendaperitifs«.

Drinks mit Likören, Gewürzen, Wurzeldestillaten und Chinarinde haben digestive Wirkung; sie sind eine Verdauungshilfe und heißen daher international »after dinner Drinks«.

Drinks mit harten Spirituosen als Grundlage und alle Mischungen mit nur geringsten Zusätzen süßender Ingredienzen sind »dry« bzw. »extra-dry-Cocktails«.

Drinks mit Fruchtsäften und Sirups gemischt sind »medium Cocktails«; man teilt sie in zwei Grundtypen ein:

»aromatic Cocktails«, bei denen der Geschmack einer Spirituose vorherrscht,

»sour Cocktails«, bei denen der Zitronensaft bestimmend ist.

Drinks mit Sirups, Likören und betont süßer Ausrichtung mit viel Früchten, Crems, Sahne und Crustas sind »sweet-Cocktails«.

Andererseits spricht man von drei Cocktailgruppen, wobei man sich bei zweien nach der Menge und dem Umfang des Getränkes richtet, und zwar von den:

»short drinks«, den kurzen Getränken, deren Maß 50 ccm, zwei konzentrierte Schluck, nicht überschreiten soll. Dann von den »long drinks«, den langen Getränken, die mehr Flüssigkeit enthalten, dafür aber leichter gemischt sind und »bis zu $^1/_2$ Liter lang« sein können; und schließlich von den »fancy drinks«, den Phantasiemischungen, die weder an ein besonderes Maß noch an eine bestimmte Aufgabe oder Tageszeit gebunden sind. Sie lassen sich in keine der üblichen Kategorien einordnen.

Wieder eine andere Gruppierung der Cocktails ist nach der Herstellungsart ausgerichtet. Man unterscheidet dann:

> im Mixglas gerührte Cocktails
> im shaker geschüttelte drinks
> im Likörglas übereinander geschichtete,

heißgemachte Mixturen und
im großen gemischte Bowlen oder Punsche.

Das Mixen

Mixen ist nicht mischen. Mixen ist eine Kunst, die nichts mit Durch-
einanderpanschen zu tun hat, sondern nach ganz bestimmten Regeln
der Geschmacksharmonielehre und auch nach ästhetischen Gesichts-
punkten gemeistert wird. Der gute Mixer hantiert vor den Augen
seiner Gäste und demonstriert sein Verständnis für gute Dinge,
ohne die Augen seiner Zuschauer, ihr ästhetisches Gefühl oder ihren
Appetit zu verletzen. Es gibt Grundgesetze, die jeder Mixer beherr-
schen muß. So ist z. B. jeder Cocktail auf eine »tonangebende Grundlage« aufzubauen. Meist eine harte Spirituose, die erkennbar bleiben
sollte. Dann erhält er einen »Geschmackswandler«: Fruchtsäfte, Eier,
Sahne, Sirups, Sekt, Soda, Ginger Ale und schließlich einen »Aroma-
träger«: die abrundenden Liköre, Bitters.
Mixen ist keine Geheimkunst oder Zauberformel. Jeder kann es er-
lernen.
Sauberkeit und Ordnung an der Bar sind Grundbedingung. Alle
Zutaten sollen von bester Qualität sein, lieber nehme man weniger.
Stets nur frisches Wasser, sauberes Eis, Natursaft, unverbrauchtes
Soda- und Selterswasser verwenden.

Das Mischen im Glas

Die einfachste Art, einen Cocktail zu mischen und zu kühlen, ist es,
die Zutaten gleich ins Trinkglas zu gießen. Sei dieses nun vorher
eisgekühlt oder, wenn es zum drink gehört, mit Eis gefüllt. So verfährt man hauptsächlich bei Mixes »on the rocks« und Kombinationen mit Eisschnee und Früchten.

Das Rühren

oder »stir«, wie es in der englischen Fachsprache heißt, geschieht
im Bar- oder Mixglas, wo Zutaten und Eiswürfel mit einem langstieligen Löffel oder Stab durcheinandergerührt werden. Dazu wird
das Glas schräg gehalten und der Inhalt eine knappe halbe Minute
auf- und abgewirbelt.

Das Schütteln

Wo es darauf ankommt, einen drink möglichst schnell zu kühlen
oder Alkohol und Sirup, Fruchtsäfte, Eier, Rahm und dgl. zu einem

harmonischen, schäumenden Getränk zu verbinden, schüttelt man die Ingredienzen im shaker, dem meist silbernen Schüttelbecher, der zu diesem Zweck in eine Serviette eingeschlagen, mit beiden Händen fest zugehalten und ohne große Faxen vor der Brust waagrecht hin- und herbewegt wird.

Cocktails mit Sirup, mit Fruchtsäften und fast alle mit Ei und Eiweiß, Milch und Sahne werden geschüttelt. Sekt, Mineralwasser oder Ginger Ale dürfen nicht geschüttelt werden.

Die heißen drinks und die Bowlen werden fast immer in der Küche, die Punsche aber direkt am Tisch und für die ganze Runde gemischt.

Ob Mixglas, ob shaker, immer soll zuerst das Roheis eingefüllt, und sobald das Gefäß kühl ist, das Tropfwasser abgegossen werden.

Drinks dürfen beim Mixen oder Schütteln (vor allem nicht durch Stehenlassen) verwässern, darum werden Mixglas und shaker vor dem Mixen gekühlt.

Nie mehr als vier Cocktails auf einmal mixen, da sonst das Eis im shaker oder Mixglas stark verwässert.

Je kleiner das Eis zerschlagen oder geschabt ist, desto schneller setzt es Wasser ab.

Dem Eis darf keine Zeit gelassen werden, einen drink zu verwässern.

Dem Alkohol keine Zeit geben, Eier zu zersetzen.

Dem Zitronensaft keine Zeit geben, Sahne oder Milch gerinnen zu lassen.

Wein wird in Eismischungen trübe, daher gilt: kein Eis in Weinmischungen.

Es kommt sehr darauf an, die Menge genau einzuhalten, wenn man die Rezepte auch individuell abwandeln kann.

Für jeden Barkeeper sind Maßhilfen unentbehrlich.

Ein Cocktail soll möglichst genauso ausfallen wie ein zweiter oder der von gestern.

Bevor man mixt, sollen alle Zutaten bereit stehen, und dann muß ein Mixer akkurat, schnell und konzentriert arbeiten.

Nie zu viele verschiedene Alkoholica miteinander vermischen, lieber wenig Spirituosen nehmen und durch kleine Zutaten und dashes interessant machen.

Beim Mixen immer mit den kleinen Dingen beginnen: dem Zucker, dem Ei, dem Zitronensaft und den teelöffelweise angegebenen Zutaten. Die kostbarsten Bestandteile immer zum Schluß. Mißlingt dann einmal etwas, so ist der Verlust nicht so schmerzlich. Milch

gerinnt und wird flockig, sobald sie mit Zitronensaft in Berührung
kommt. Deshalb Milch und Sahne immer erst zuletzt beifügen.
Alkohol zersetzt Eier. Deshalb die Eier erst mit den »kleinen« Zu-
taten mischen und den Alkohol am Schluß und etappenweise zu-
setzen. Stark schütteln. Nur Trinkeier für die Bar benutzen, nicht
am Glasrand aufschlagen und jedes Ei prüfen, bevor man es benutzt.
Heiße drinks mit Ei dürfen nicht kochen, sondern müssen unter
Rühren mit dem Schneebesen im Wasserbad erhitzt werden.
Eiergetränke aus der Bar werden mit abgeriebener Haselnuß,
Muskatnuß oder Mandeln überstreut.
Flaschenwein vor dem Eingießen prüfen, ob er klar ist und nicht
nach Kork schmeckt.
Südweine setzen sich nach langem Stehen ab. Dann sollte man sie
filtern. Weine nie schockartig erhitzen und nicht in den Kühlschrank
legen.
Wenn man den Flaschenhals mit Wachspapier abreibt, verhindert
man das Tropfen der Flasche.

DIE MASSE

Eines der schwierigsten Kapitel der Barologie ist das Messen. Das
Maßsystem ist international englisch. Aber wer würde hier mit jigger, ponys, ounces, cups und gills umzugehen verstehen! Darum
sind alle Maße in diesem Buch einheitlich auf unser Dezimalsystem
bezogen und auf den Standard-Cocktail von 50 ccm oder 5 cl. Das
entspricht einem normalen Vermouth- und Südweinglas. Es enthält
gute 5 Schuß oder 10 Tee- bzw. Barlöffel oder $2^1/_2$ Likörgläser.
Das internationale Standardmaß für einen Weinbrand ist 20 ccm
oder 2 cl, also ein Likörglas voll.
Für den Whisky gilt international der jigger mit 42 ccm oder 4,2 cl,
das ist ein wenig mehr als das Doppelte unserer Weinbrandeinheits-
maße. Wenn in den folgenden Rezepten von $1/_2$, $1/_3$, $1/_7$ oder $8/_{10}$ die
Rede ist, dann bezieht sich das immer auf den entsprechenden Bruch-
teil des Cocktailgrundmaßes von 50 ccm.
Ein Liter enthält 20 Cocktails, 25 Whiskies, 20 Südweingläser oder
40 Likörgläser.
Gin- und Portweinflaschen enthalten 14 Cocktailmaße. Cognac- und

Likörflaschen enthalten 28 Portionen. 1 Whiskeyflasche enthält 18 Whiskeymaße.
Um für alle Fälle gerüstet zu sein, ist im folgenden eine vergleichende Tabelle mit allen in der Mixologie vorkommenden Maßen zusammengestellt.
Jeder Barkeeper sollte sich in dieses Tabellarium vertiefen und einige Relationen daraus im Kopf behalten.

Barmanns Rechenfix

Alle Freunde guter Mixed drinks und die Liebhaber einer Privatbar werden am meisten durch das verwirrende »Hexeneinmaleins der Barmeister« abgeschreckt, die vielen Rezepte selber herzustellen. Wer will sich da auch ohne Studium mit den jiggers, ponies, ounces, ccm, g, %, dem Schuß, den dashes auskennen? Und wie setzt man so ein Rezept mit $^3/_5$, $^5/_7$ oder $^7/_9$ praktisch in die Tat um? — Alles halb so geheimnisvoll und verwickelt. Ja, im Grunde ganz einfach. Wenn Sie sich, lieber Hobbymixer und Home-bar-tender, ein wenig in die folgende Übersicht vertiefen. Viele Angaben und Vergleiche sind mit Rücksicht auf die praktische Hantierung nur auf- oder abgerundete Werte. Die Tabelle soll Ihnen helfen, auch ohne Meßbecher und, wo das Instrumentarium der Bar fehlt, die Cocktailrezepte Ihrer Wahl maßgerecht improvisieren zu können.

5 cl = 1 Cocktailmaß   2 cl = $^2/_5$ Cocktailmaß
4 cl = $^4/_5$ Cocktailmaß   1 cl = $^1/_5$ Cocktailmaß
3 cl = $^3/_5$ Cocktailmaß $^1/_2$ cl = $^1/_{10}$ Cocktailmaß
1 Cocktailmaß = 50 dashes, 10 TL, 5 Schuß, $3^1/_2$ Likörglas

	ccm	%	Standard-Maß	½	⅓	⅔	¼	¾	⅕	⅗
ccm			50	25	17	34	12	37	10	30
%			100	50	33	67	25	75	20	60
dash	1	1%	50	25	17	34	12	37	10	30
Tee- o. Barlöffel	5	10%	10	5	3	7	2½	7½	2	6
Schuß	10	20%	5	2½	1⅔	2⅓	¾	3¾	1	3
Eßlöffel	15	30%	3½	1¾	1	2¼	1¼	2¾	¾	2½
Meß-Likörglas	20	40%	2½	1¼	⅚	1⅔	⅔	2	½	1½

$1/3$ Cocktail = 3 große TL oder 1 reichlicher EL
1 Likörglas = $2/5$ eines Cocktails oder 4 TL bzw. 2 kräftige Schuß
2 Likörglas = $4/5$ Cocktail
$1/2$ Likörglas = $1/5$ Cocktail
1 EL = knapp $1/3$ eines Cocktails, 3 TL oder 15 dashes
2 EL = $3/5$ eines Cocktails
3 EL = $5/6$ eines Cocktails
$1/2$ EL = $1/7$ eines Cocktails
1 Schuß = $1/5$ Cocktail, $1/2$ Likörglas, 2 Barlöffel oder 10 dashes
2 Schuß = $3/7$ Cocktail
3 Schuß = $3/5$ Cocktail
4 Schuß = $4/5$ Cocktail
1 TL = $1/10$ Cocktail
2 TL = $1/5$ Cocktail, $1/2$ Likörglas
3 große TL = $1/3$ Cocktail bzw. 1 EL
4 TL = $3/7$ Cocktail
5 TL = $1/2$ Cocktail
6 TL = $3/5$ Cocktail bzw. 3 Schuß
7 TL = $2/3$ Cocktail oder 2 EL
8 TL = $4/5$ Cocktail
10 dashes = 1 Schuß. 2 TL = $1/5$ Cocktailmaß, $1/2$ Likörglas
1 jigger, das amerikanische Whiskeymaß = etwa 42 ccm oder $5/6$ eines Cocktailmaßes
$1/4$ gill, das britische Whiskymaß = 36 ccm oder $6/7$ bzw. $7/10$ eines Cocktailmaßes
1 ounce oder 1 pony = 28 ccm oder die großzügige Hälfte eines Cocktailmaßes
2 ouncen ergeben ca. $1 1/2$ Cocktail

$1/6$	$4/6$	$1/7$	$3/7$	$5/7$	$1/8$	$3/8$	$5/8$	$1/9$	$3/9$	$5/9$	$7/9$	$1/10$
8,3	33,2	7	21	35	6,2	18,6	31,8	5,5	16,5	27,5	38,5	5
16,66	66,64	14,3	43	71,5	12,5	37,5	62,5	11	33	55	77	10
8	33	7	21	35	6	14	32	5	7	27	38	5
$1 2/3$	$6 2/3$	$1 1/3$	4	$6 2/3$	$1 1/4$	$3 3/4$	$6 1/4$	$1 1/3$	4	$5 2/3$	$8 1/3$	1
$7/8$	$3 1/2$	$3/4$	$2 1/4$	$3 1/2$	$2/3$	1	$2 2/3$	$1/2$	2	$2 1/3$	$4 2/3$	$1/2$
$1/3$	$1 1/3$	$1/2$	$1 1/2$	$2 1/2$	0,4	1,2	2	0,4	1,2	2	$2 3/4$	$1/3$
0,4	$1 1/2$	$1/3$	1	$1 2/3$	$1/3$	1	$1 1/2$	$1/2$	1	$1 2/3$	$2 1/3$	$1/2$

FÜR DIE APRO-STUNDE

APERITIF

Was der Klaps auf den ausgeschirrten Gaul ist, das aufmunternde
Zeichen für: »lauf in den Stall an die Krippe«, das ist für uns der
Aperitif. Erschöpfend läßt sich über ihn allerdings nur unter Zuhilfenahme eines Lehrbuchs für angewandte Lebensphilosophie be-
richten, denn diese beliebte Getränkeart hat nicht nur ihre ganz
bestimmten Formen, sondern auch ihre eigene Zeit, die Apro-Stunde.
Sie beginnt auf dem Höhepunkt des Vormittags und endet bei Tisch.
Und so viele Stimmungen diese Augenblicke haben, so viele Variationen gibt es für den Aperitif. Sonntags und auch sonst ab elf Uhr
ein stärkendes Glas weißen Portwein anzubieten oder an Stelle des
Frühschoppens einen Dry Sherry, ein Glas Vermouth oder einen
anderen trockenen Südwein wie den Sercial aus Madeira zu trinken,
entspricht dem british look. Hier werden die natürlichen Aperitifs
auf Weinbasis bevorzugt. Die Amerikaner dagegen halten sich
lieber an gemixte Appetizer, appetitanregende Cocktails mit Bittergeschmack aus Würzkräutern oder schwach-herben Likören, die man
gerne kurz, aber »on the rocks« — auf Eisbrocken — oder mit etwas
Soda aufgespritzt trinkt. Die pre lunch drinks sind um einige
Nuancen leichter als die before dinner Cocktails am Abend.
Die klassischen Aperitiftrinker aber sind die europäischen Südländer.
Bei ihnen gibt es sogar eine eigene Spirituosengattung, die sich fixed
Aperitifs nennt. Sie werden meist auf vier Grundlagen entwickelt.
Auf Elixieren mit Bittergeschmack wie Campari, Angosturabitter,
Cynar, Suze, Martinazzi, Cinzano-Savoya, Raphael und Rabarbaro
oder auf der Grundlage von Chinawein wie China-Martini, Dubonnet, Amer Picon und Byrrh oder Calisay. Um den Appetit zu stimu-
lieren, werden sie auch gern mit Anis-Absinthersatz-Destillaten wie
der Schweizer Pernod, der französische Ricard, der griechische Ouzo
und Mastiche, der spanische Anisado und der türkische Raki bereitet. Aber mehr und mehr kombiniert man moderne various drinks
aus Alkohol und Fruchtsäften oder mit Ginger Ale. Man sollte sich
auch hin und wieder durch einen Champagner-Aperitif zu einer er-
lesenen Tafel führen lassen.

Welche Sorte zu welcher Gelegenheit paßt, ist vor allem eine Frage der Jahreszeit und des Klimas. Je südlicher, je leichter, je kälter die Zonen oder die Zeiten, desto kompakter verträgt man den Aperitif. In Frankreich, dem wir so viele Maßstäbe für gutes Leben verdanken, ist es verpönt, vor dem Essen Schnaps und mehr als ein Glas Aperitif zu trinken. Denn Alkohol sättigt durch seinen hohen Kaloriengehalt sehr rasch und belastet Magen und Kreislauf. Deshalb trinke man seinen Aperitif auch nie mit einem Strohhalm.

Für Südwein, natürliche Aperitifs und kurze Appetizer nimmt man Vermouth- oder Cocktailgläser. Für Aperitifs »on the rocks« die üblichen Whiskytumbler und für Soda- und Ginger-Ale-Mischungen normale Viertellitergläser. Die Champagner-Aperitifs aber schmecken nur aus Sektschalen.

Vermouth-Aperitifs

Bamboo

$^1/_2$ Pedro Dry Sherry
$^1/_4$ Noilly Prat Vermouth
$^1/_4$ Stock Vermouth rot
1 dash Orangenbitter
im Mixglas mit Eis rühren,
abseihen

Mezz' e Mezz'

$^1/_2$ Gancia Vermouth weiß
$^1/_2$ Grapefruitsaft
1 Schuß Campari
im shaker mit Eiswürfeln schütteln, abseihen und mit 1 Haselnuß servieren

Vermouth-Cocktail

$^1/_4$ Martini Vermouth rot
$^1/_4$ Martini Vermouth weiß
$^1/_8$ Chambéry Vermouth
extra dry
$^1/_8$ Bols Gin
2 dashes Grenadine
2 dashes Angostura
2 dashes Orangenbitter
mit Eis rühren, abseihen, mit
1 Cocktailkirsche servieren

Chambéry Fraise

$^3/_4$ Chambéry Vermouth
$^1/_4$ Erdbeersirup
im shaker mit Eis schütteln, in einen tumbler gießen und mit Soda aufspritzen

Portwein-Aperitifs

Sezimbra

$^2/_3$ trockener Portwein
$^1/_3$ Weinbrand
2 dashes Angostura
2 dashes Vanillesirup
im shaker mit Eis schütteln, mit
1 Zitronenspirale dekorieren und mit etwas Selters aufgießen

Bombarral

²/₃ Port
¹/₃ Wodka
im shaker mit Eis schütteln, ins
Cocktailglas seihen und mit 1 Zitronenzeste servieren

Berlenga

⁴/₅ weißer Port
¹/₅ Gin
im shaker mit Eis schütteln, ins
Cocktailglas seihen und mit 1 Zitronenzeste servieren

Marsala-Aperitifs

Trapani

¹/₂ Marsala
¹/₄ Picon d'or Blanc
¹/₄ Sliwowitz
1 dash Angostura
im Mixglas rühren, abseihen und
mit Sekt aufgießen

Rallo

¹/₂ Marsala secco
¹/₄ Cognac
¹/₄ Orangensaft
im shaker mit Eis schütteln, abseihen und mit Sekt aufgießen

Marsalo S.O.M.

²/₃ Pellegrino Marsal secco
¹/₃ Branca Vermouth rot
1 Zitronenzeste
im Mixglas mit Eis rühren, abseihen

Sherry-Aperitifs

Adonis

²/₃ Bobadillo Sherry
¹/₃ Cinzano Vermouth rot
1 dash Angosturabitter

Blackstone

²/₃ Pedro Sherry dry
¹/₃ Beefeater Gin
1 dash Angosturabitter

The Andaluz

¹/₄ Tio Pepe Sherry
³/₄ Orangensaft
im shaker mit viel Eis kurz schütteln und in einen tumbler gießen

Sherry Picon

¹/₂ Sherry
¹/₂ Picon d'or Blanc
1 dash Kirschwasser
mit Soda aufspritzen

Ginger-Ale-Aperitifs

Ginger Ale

In einen großen tumbler viel
kleines Eis geben, den Saft von
¹/₂ Zitrone und 1 Glas White
Satin Gin hinzufügen und mit
Ginger Ale auffüllen

Gingerwine

¹/₂ Weißwein
¹/₂ Ginger Ale
3 dashes Weinbrand

in einem mit Eis ausgeschwenkten Aperitifglas servieren

Bahama

³/₄ Gin
¹/₄ dry Vermouth
1 TL Zitrone
im shaker mit Eis schütteln, abseihen und mit Ginger Ale aufgießen

Champagner-Aperitifs

Champagner-Aperitif I

1 Stück Würfelzucker an Zitronenschale reiben, in die Sektschale legen, 1 dash Orangenbitter darauf, 1 TL Limejuice und
⁹/₁₀ eines Cocktailmaßes (1 jigger) Gilbey's Gin dry, sodann
mit trockenem Sekt oder Champagner aufgießen

Orinoko

1 Stück Würfelzucker in Bénédictine D.O.M. tränken, in eine
Sektschale legen, mit Angosturabitter beträufeln, bis sich der
Zucker dunkel färbt, anzünden
und nach Abbrennen mit trockenem Sekt auffüllen

Champagner-Aperitif II

²/₃ Picon d'or Blanc
¹/₃ Kirschwasser
2 dashes Angostura
im Mixglas mit Eis verrühren, in
Sektschale seihen und mit Sekt
aufgießen

Campari-Aperitifs

Americano

¹/₂ Campari
¹/₂ Cinzano rot
im tumbler 1 Stück Würfeleis
und 1 Zitronenzeste rühren und
mit Sodawasser auffüllen. Eventuell das Eis wieder entfernen

Sixty Six

¹/₃ Campari
¹/₃ Noilly Prat Vermouth
¹/₆ Tio Pepe Sherry
¹/₆ Lamplighter Gin
im Mixglas mit Eis rühren, seihen, mit Zitrone abspritzen

Chinona

²/₃ Campari
¹/₃ Gilbert's Port very dry
1 TL Rose's Limejuice
1 dash Orangenbitter
im shaker schütteln, über Eis in
den tumbler gießen und mit Soda
aufspritzen

Angosturabitter-Aperitifs

Pink Gin

In ein Cocktailglas gibt man 2
dashes Angosturabitter und füllt
auf mit kaltem Gin

Sherry and Bitters

Ein Südweinglas mit 3 dashes
Angosturabitter   ausschwenken

und mit trockenem Sherry auffüllen, sehr sorgfältig umrühren.
Dazu gefüllte Sevilla-Oliven servieren

Stomack Reviver Cocktail

Im shaker 3 dashes Angosturabitter
$^1/_8$ Fernet Branca
$^1/_3$ Kirschwasser
$^1/_2$ Cognac
im Mixglas mit Eis schütteln,
seihen

Cynar-Aperitifs

Cynar on the Rocks

Cynar, Eisstücke und Orangenschale verrühren, mit Sodawasser
aufgießen; dazu Salzmandeln

Scolimus

$^1/_3$ Cynar
$^1/_3$ Grapefruitsaft
$^1/_6$ Henkes Gin
$^1/_6$ Gancia Vermouth rot
im shaker mit Eis schütteln, on
the rocks in einem tumbler mit
Zitrononzoste corvieren

Cheer up

$^1/_3$ Rabarbaro
$^1/_3$ Cinzano Vermouth rot
$^1/_3$ Eristow Wodka
im Mixglas mit Eis rühren, mit

Sodawasser abspritzen, Zitronenschale ins Glas

Animation

$^1/_3$ Rabarbaro
$^1/_2$ Stock Vermouth rot
$^1/_6$ Orangensaft
2 dashes Orangenbitter
im shaker mit Eis schütteln, über
1 Orangenscheibe ins Glas gießen

Suze-Aperitifs

Suzetail

$^2/_3$ Suze
$^1/_6$ Stolitschnaja Wodka
$^1/_6$ Brombeersirup
im shaker mit Eis schütteln, abseihen und mit Sodawasser aufspritzen

Suze-Aperitif

$^1/_2$ Suze
$^1/_6$ Enzian
$^1/_6$ Wodka
$^1/_6$ Arrak
im Mixglas rühren und mit Soda-
wasser aufgießen

Tundra

$^1/_2$ Suze
$^1/_4$ Brombeersaft
$^1/_4$ Johannisbeersaft
im shaker mit Eis schütteln, abseihen und mit Selters aufspritzen

Martinazzi-Aperitifs

Vermouth Martinazzi

$^2/_3$ Martini Vermouth rot
$^1/_3$ Martinazzibitter
1 dash Zitronensaft
im Mixglas mit Eis rühren und
nach dem Umfüllen mit Sodawasser aufgießen

Don Rolfo

$^1/_3$ Martinazzibitter
$^1/_3$ Genever
$^1/_3$ Marsala secco
im Mixglas mit Eis rühren, in ein
Aperitifglas mit einer Zitronenspirale geben und mit Selters auffüllen

Margitta

$^3/_5$ Martinazzibitter
$^2/_5$ Sherry trocken
ins Aperitifglas mit etwas Eis
gießen und mit Ginger Ale aufspritzen

Byrrh-Aperitifs

Byrrh

$^1/_3$ Byrrh
$^1/_3$ Black Diamond Rye Whiskey
$^1/_3$ Carpano Vermouth rot
im Mixglas mit Eis rühren und
im tumbler servieren

Byrrh Cassis

$^2/_3$ Byrrh
$^1/_3$ Bardinet Creme de Cassis

im shaker mit Eis schütteln, in
einen tumbler gießen und mit
Soda aufspritzen

Byrrh Cocktail

$^1/_3$ Byrrh
$^1/_3$ Noilly Prat Vermouth
$^1/_3$ Canadian Club Whiskey
im shaker mit Eis schütteln, mit
1 Orangenzeste servieren

Blue and red Cocktail

$^3/_4$ Asbach Uralt Weinbrand
$^1/_4$ Byrrh
1 Schuß Cordial Medoc
2 Spritzer Parfait d'Amour
2 dashes Dr. Siegert's Angosturabitter
im shaker mit Eis gut schütteln,
ins Sektglas seihen und mit Sekt
auffüllen, Kirsche ins Glas

Dubonnet-Aperitifs

Franco American

$^1/_2$ Dubonnet
$^1/_2$ Black Diamond Rye Whiskey
1 dash Angosturabitter
im Mixglas mit Eis rühren, abseihen

Eden Rock

$^2/_3$ Dubonnet
$^1/_6$ Zitronensaft
$^1/_6$ Orangensaft
im shaker mit Eis schütteln

Appetizer Cocktail

$^1/_2$ Dubonnet
$^1/_2$ Heinrich Gin
Saft $^1/_2$ Zitrone
3 dashes Angosturabitter
im shaker mit Eis schütteln, seihen, 1 Sevilla-Olive ins Glas

Submarine

$^1/_4$ Dubonnet
$^1/_4$ Noilly Prat Vermouth
$^1/_2$ Henkes Gin dry
1 dash Fernet Branca
im Mixglas rühren

Dubonnet Citron

$^2/_3$ Dubonnet
$^1/_6$ Limejuice
$^1/_6$ Zitronensaft
1 Prise Zucker
im shaker mit Eis schütteln, in
einen tumbler gießen und mit
Sodawasser aufspritzen

Dubonnet Manhattan

$^2/_3$ Dubonnet
$^1/_3$ Black Diamond Rye Whiskey
1 dash Angosturabitter
im Mixglas mit Eis rühren, abseihen

Calisay-Aperitifs

Spañolo

$^1/_3$ Calisay
$^1/_2$ Sherry
$^1/_6$ Cordial Medoc
im Mixglas mit Eis rühren, mit
1 Orangenzeste servieren

Calisay Aperitif

$^1/_2$ Calisay
$^1/_4$ Kroatzbeere
$^1/_4$ Cinzano rot
im Mixglas mit Eis rühren,
abseihen

Calisay Cocktail

$^1/_2$ Calisay
$^1/_4$ De Terry Centenario,
    spanischer Weinbrand
$^1/_4$ Cinzano rot

Amer Picon-Aperitifs

Affe im Winter

In einer Biertulpe
$^1/_6$ Amer Picon geben und mit
$^5/_6$ Pilsner Urquell auffüllen

Picon Español

$^2/_3$ Amer Picon
$^1/_3$ Domecq Weinbrand
1 TL Grenadine
im Mixglas mit Eis rühren, in
einen tumbler gießen und mit
Soda aufspritzen

Picon Grenadine

$^3/_4$ Amer Picon
$^1/_4$ Grenadine
im shaker mit Eis kurz schütteln
und mit Soda auffüllen

Brut Cocktail

$^2/_3$ Noilly Prat Vermouth
$^1/_3$ Amer Picon
1 dash Angosturabitter
im Mixglas kurz rühren, seihen

Pernod-Aperitifs

Absinth Cocktail

$^1/_3$ Pernod
$^1/_3$ Marie Brizard Anisette
$^1/_3$ Gordon's Gin dry
2 dashes Angosturabitter
im shaker mit Eis schütteln,
seihen

Pernod Pansy

$^9/_{10}$ Pernod
1 TL Grenadine
1 dash Angosturabitter

T and T

$^1/_2$ Pernod
$^1/_2$ Canadian Club Whiskey
im shaker kurz schütteln, in
einem tumbler mit einem Eisbrocken servieren

Earthquake

$^1/_3$ Bols Gin
$^1/_3$ Bourbon Whiskey
$^1/_3$ Pernod
im Mixglas mit Eis rühren, seihen

Ricard-Aperitifs

Ricard

$^3/_5$ Ricard
$^1/_5$ Genever
1 dash Angosturabitter
1 dash Maraschino
1 dash Orangenbitter
im shaker mit Eis kräftig schütteln und mit Sodawasser aufgießen

Marseille

$^1/_2$ Beefeater Gin
$^1/_4$ Ricard
$^1/_4$ Grapefruitsaft
1 TL Grenadine
mit geschabtem Eis im shaker gut
schütteln

Mistral

$^1/_4$ Ricard
$^1/_4$ Asbach Uralt Weinbrand
$^1/_4$ Graf Keglevich Wodka
$^1/_4$ Marie Brizard Anisette
im Mixglas kurz mit Eis rühren,
in die Sektschale seihen, 1 Cognackirsche dazu und mit einem
Mousseux oder herbem Sekt aufgießen

Ouzo-Raki-Aperitifs

Bosporus Spring

$^1/_3$ Pernod
$^1/_3$ Raki
$^1/_6$ Limejuice
$^1/_6$ Zitronensaft
im shaker mit Eis schütteln, über
eine Zitronenspirale im Glas einfüllen und mit Sodawasser aufspritzen

Greek Love

$^9/_{10}$ Mastiche
1 TL Grenadine
1 dash Angosturabitter
im shaker mit Eis schütteln

Oriental fire Opal

$^1/_2$ Bols Gin dry
$^1/_2$ Sans Rival Ouzo
1 TL Zucker
mit geschabtem Eis verrühren
und mit etwas klarem Wasser
aufgießen

Duchesse

$^1/_3$ Boutaris Ouzo
$^1/_3$ Noilly Prat Vermouth
$^1/_3$ Cinzano rot
mit geschabtem Eis und ganz
feingehackter Zitronenschale im
Mixglas gut verrühren

Pimm's No. 1 Cup

Ein neuer Aperitif aus England!

Nehmen Sie 3 cl Pimm's No. 1 Cup,
2 Eiswürfel und 1 Zitronenscheibe und füllen
Sie mit etwa der 4—5fachen Menge einer
guten, klaren, nicht zu süßen Zitronenlimonade (z. B. Canada Dry, High Spot,
Apollinaris, Polly Zitronenlimonade)
oder mit Ginger Ale auf. Dieser Aperitif
wird in kleinen Henkelkrügen serviert.

Snacks zum Aperitif

in England:	Käse- und Kümmelcrackers, Haselnüsse, Mixed Pickles, Mango in Sirup, geräucherte Muscheln
in USA:	Cocktailwürstchen, Crackers mit Avocadobutter, Karotten- und Selleriestangen, Paprikachips, Maiskolben
in Frankreich:	grüne, schwarze und gefüllte Oliven, Cornichons, Zwiebelchen, Salzstangen, Anchovis
in Spanien:	kleine Krebse, Sevilla-Oliven, pikante Muscheln, Tintenfische, feingeschabten rohen Schinken
in Italien:	Pilze, Artischockenherzen und Peperoni in Essig und Öl, Sardellen
auf dem Balkan:	rohe Gurken, Salzfischchen, Kapern, Schafkäse mit Kaviar, junge Lauchzwiebeln
bei uns:	kleine Laugenbrezeln, Senffrüchte, feingeschnet- zeltes Bündner Fleisch, Käsestangen, Lachsröllchen

FÜR DIE ZEIT NACH TISCH

AFTER DINNER COCKTAILS

After dinner drinks sind strenggenommen Getränke für die Stunde nach dem Abendessen und dürfen daher etwas härter gemischt sein; sie werden gut gewählt und gut gemischt und sind der aromatische Schlußpunkt einer Tafel oder die Stifter heiterer Stimmung. Unter after dinner drinks versteht man auch den vollen kleinen Digestifschluck nach dem Mittagessen, denn viele dieser Cocktails mit Bitters und Likören gemixt beschleunigen die Magensaftsekretion und wirken wohltuend auf die Verdauung. Sie passen zum Nachtischmokka, für die Herren stets etwas herber gemischt und für die Damen einen Schuß likörsüß.

After Dinner Cocktails

Après Souper

in einem Champagnerkelch halbvoll mit Schnee-Eis
2 TL Grenadinesirup
$^1/_3$ Cognac
$^1/_3$ Pfefferminzlikör
$^1/_3$ Kirschwasser
kurz umrühren und mit einem Strohhalm servieren

After Dinner Cordial

$^1/_5$ Himbeersirup
$^1/_5$ Maraschino
$^1/_5$ Creme de Menthe
$^1/_5$ Chartreuse grün
$^1/_5$ Cognac
ohne zu rühren oder zu schütteln mit Strohhalm servieren

After Supper Cocktail

4 dashes Zitronensaft
$^1/_2$ Curaçao orange
$^1/_2$ Apricot Brandy
im shaker schütteln und ins Glas gießen

Aunt Jemima

$^1/_3$ Weinbrand
$^1/_3$ Creme de Cacao
$^1/_3$ Bénédictine D.O.M.
ohne zu rühren ins Glas gießen

Bénédictine Frappé

die Cocktailschale mit Schnee-Eis füllen und mit einem halben Cocktailmaß Bénédictine übergießen

Black Jack

Eine Sektschale halb mit Schnee-
Eis füllen und dann
$^1/_3$ Kirsch
$^1/_3$ Weinbrand
$^1/_3$ kalten Mokka darübergießen

Blanche

$^1/_3$ Cointreau
$^1/_3$ Anisette
$^1/_3$ Curaçao weiß
im shaker mit Eis schütteln und
abseihen

Apricot Orange

die Cocktailschale zur Hälfte mit
Schnee-Eis füllen
$^1/_2$ Apricot Brandy
$^1/_2$ Curaçao Triple sec

Cacao Cream Float

$^1/_2$ Creme de Cacao
$^1/_2$ Sahne
ohne zu rühren ineinandergießen

Coffee Float

$^1/_2$ Kaffeelikör (Zarenkaffee)
$^1/_2$ süße Sahne
ohne zu rühren ineinandergießen

Cordial Float

$^1/_2$ Cordial Medoc
$^1/_2$ Sahne
ohne zu rühren ineinandergießen

B and C

$^1/_2$ Bénédictine D.O.M.
$^1/_2$ Calvados
ohne zu rühren ineinandergießen

Soldier Chocolate

$^1/_3$ Vermouth dry
$^1/_3$ Weinbrand
$^1/_3$ Creme de Cacao
1 dash Orangenbitter
im shaker mit Eis schütteln und
ins Cocktailglas seihen

Café Diable Cocktail

Das Cocktailglas mit Zitrone befeuchten und durch Eintauchen in
Staubzucker eine Kruste bilden
lassen, das Glas halb mit heißem
Mokka füllen, Weinbrand daraufgießen und anzünden

Café Cacao Frappé

Das Cocktailglas zu einem Viertel
mit Schnee-Eis füllen, mit
$^1/_2$ Creme de Cacao
$^1/_2$ kaltem Mokka übergießen, mit
Strohhalm servieren

Café au Kirsch

Das Cocktailglas $^1/_4$ mit Schnee-
Eis füllen
mit 2 dashes Maraschino
$^1/_2$ TL Zucker überstreuen
$^1/_2$ starken, kalten Mokka
$^1/_2$ Kirschwasser darübergießen
mit einem Strohhalm servieren

Dream

$^1/_3$ Curaçao
$^1/_3$ Weinbrand
$^1/_3$ Absinth
ohne rühren ineinandergießen

Irish Coffee

Ein schmales Tulpenweinglas mit Stiel mit heißem Wasser erwärmen. Wasser abgießen, zur Hälfte mit heißem Mokka auffüllen und einen TL Zucker zugeben. Bis daumenbreit unter dem Rand mit Irish Whiskey füllen und einen Löffel Schlagsahne oben daraufsetzen. Man trinkt den Irish Coffee durch die Schlagsahne!

Café Cordial

$^1/_3$ Mokka
$^1/_3$ Creme de Cacao
$^1/_3$ Cognac
1 TL Vanillezucker
1 Zitronenzeste
im shaker mit Eis schütteln, ins Glas seihen

Golden Dragon

$^3/_8$ Cocktailmaß gelbe Chartreuse
$^1/_8$ Cocktailmaß Armagnac
ohne zu rühren ineinandergießen

Lugger

$^1/_2$ Weinbrand
$^1/_2$ Calvados
1 dash Apricot Brandy
im Mixglas mit Eis rühren, abseihen, mit 1 Orangenzeste servieren

Netherland

$^2/_3$ Weinbrand
$^1/_3$ Curaçao
1 dash Orangenbitter
ohne zu rühren ins Glas geben

Poopdeck

$^1/_2$ Weinbrand
$^1/_4$ Portwein
$^1/_4$ Kroatzbeere
im shaker mit Eis schütteln und ins Glas seihen

Barbara Cocktail

$^1/_3$ Creme de Cacao
$^1/_3$ Wodka
$^1/_3$ frische Sahne
im shaker mit Eis fest schütteln, ins Cocktailglas seihen

Paradise Cocktail

$^1/_3$ Gin
$^1/_3$ Apricot Brandy
$^1/_3$ Orangensaft
im shaker mit Eis leicht schütteln, ins Glas seihen

Stinger

$^1/_2$ Weinbrand
$^1/_2$ Creme de Menthe
im shaker mit Eis stark schütteln, ins Cocktailglas seihen

Stars and Stripes

$^1/_3$ Chartreuse grün
$^1/_3$ Maraschino
$^1/_3$ Creme de Cassis
nicht rühren

Xanthia

$^1/_3$ Cherry Brandy
$^1/_3$ Chartreuse gelb
$^1/_3$ Gin
nicht rühren

Concarde

1/6 Apricot Brandy
1/6 Grenadinesirup
1/6 Campari
1/2 Gin dry

Peters Kiss Cocktail

2/3 Cordial Campari
1/3 Himbeersirup
1 TL Rahm
1 dash Kirsch
nicht rühren

Rose Campari

4/5 Cordial Campari
1/5 Bitter Campari
2 dashes Gin
1 Zitronenzeste
1 Orangenzeste
im Mixglas mit Eis rühren und
abseihen

Äquator Paten

1 TL Zucker
3 dashes Boonekamp
2/3 Jamaica Rum
1/3 Zitronensaft
im shaker mit Eis schütteln, abseihen und mit geriebener Zitronenschale überstreut servieren

Tommy Hankens

1/2 Gin
1/4 Curaçao
1/4 Cointreau
1/4 Weinbrand
1 dash Zitronensaft

2 dashes Angostura
im shaker mit Eis schütteln, abseihen und mit Olive servieren

Karamel

1/2 Weinbrand
1/2 Portwein
1/4 Sahne
1 TL Karamelzucker
im shaker mit Eis schütteln, abseihen und mit einer Spur geriebener Bitterschokolade servieren

Porto Rico

1/2 Portwein
1/4 Zitronensaft
1/4 Scotch
im shaker mit Eis kräftig schütteln, ins Cocktailglas seihen und
mit einer Orangenscheibe servieren

Mesje

1/4 Rum
3/4 Genever
1 Schuß Zitronensaft
3 dashes Angosturabitter
im shaker mit Eis schütteln, abseihen

Derby Cocktail

4/5 Gin
1/5 Peach Brandy
1 Minzezweig
nicht schütteln

POUSSE CAFÉS

Pousse Cafés sind »Cocktails paradox«, denn hier wird nichts durcheinander gemischt. Die einzelnen süßen oder scharfen Zutaten werden zu einer Regenbogenskala süß-pikanter Dinge übereinander geschichtet. Diese Einschenkkunstwerke gelingen aber nur, wenn man sehr vorsichtig und akkurat zu Werke geht, wenn man rezeptgemäß die dickflüssigen, schweren Ingredienzen zuunterst und die leichten, flüchtigen zuoberst setzt. Voraussetzung ist hier ein bestimmtes schmales Stielglas für Liköre, das sogenannte Bolsglas, oder ein ganz schmaler Sektkelch.

Der geübte Pousse-Café-Mixer läßt unter Zuhilfenahme eines Barlöffels, den er mit dem Rücken nach oben ins Glas stellt, die Flüssigkeiten, ohne abzusetzen, am Stiel entlang ins Glas gleiten. Da man beim Eingießen fast immer zittert, ist es besser, mit einem zweiten Löffel zu operieren: man kann ihn zittersicher auflegen. Pousse Cocktails werden zum Nachtisch-Mokka von den Damen geschlürft. Sie sind ein sehr französischer Naschdrink, besonders wenn Freundinnen ›konditor'n‹ gehen. Und weil man sie zum Kaffee nimmt, heißen sie Pousse Café. Auch hier sollen die Zutaten kühl sein, und ein Saughalm wird immer mitserviert.

Pousse Café

Angel's Kiss

Das Bolsglas
$2/_3$ mit Apricot Brandy
$1/_3$ mit frischer Sahne füllen

Angel's Wring Kiss

$2/_3$ Creme de Cacao
$1/_3$ frische Sahne

Angel's Lips

$2/_3$ Bénédictine D.O.M.
$1/_3$ frische Sahne

Angel's Tit

$2/_3$ Maraschino
$1/_3$ frische Sahne

Faivres Pousse Café

$2/_7$ Bénédictine D.O.M.
$2/_7$ Curaçao weiß
$3/_7$ Kirschwasser
2 dashes Angostura

French Pousse Café

$1/_4$ Himbeersirup
$1/_4$ Maraschino
$1/_4$ Chartreuse gelb
$1/_4$ Cognac

Dutch Pousse Café

$1/_4$ Maraschino
$1/_4$ Cherry Brandy
$1/_4$ Kümmel
$1/_4$ Creme de Menthe

Paris Pousse Café

$^2/_7$ Chartreuse gelb
$^2/_7$ Curaçao
$^3/_7$ Kirsch

Pousse Café L'Amour

1 Eigelb
$^2/_7$ Maraschino
$^2/_7$ Creme de Cacao
$^3/_7$ Cognac
in einem Zug trinken

Pousse L'Amour Parisienne

1 Eigelb
$^1/_4$ Maraschino
$^1/_4$ Curaçao rot
$^1/_4$ Creme de Noyaux
$^1/_4$ Cognac
in einem Zug trinken

Royal Pousse Café

1 TL Himbeersirup
$^1/_4$ Maraschino
$^1/_4$ Curaçao rot
$^1/_4$ Chartreuse gelb
$^1/_4$ Cognac

Tricolore

$^1/_3$ Grenadinesirup
$^1/_3$ Maraschino
$^1/_3$ Chartreuse grün

Grashopper

$^1/_2$ Creme de Cacao
$^1/_2$ Creme de Menthe

Scotch Pousse Café

$^1/_4$ Chartreuse grün
$^1/_4$ Curaçao rot
$^1/_4$ Kirsch
$^1/_4$ Scotch

Savoy Pousse Café

$^1/_3$ Creme de Cacao
$^1/_3$ Bénédictine D.O.M.
$^1/_3$ Calvados

Pousse Café Finnlandia

$^1/_4$ Parfait d'Amour
$^1/_4$ Creme de Menthe grün
$^1/_4$ Maraschino
$^1/_4$ Curaçao blau

Pousse Café du Paris

$^1/_5$ Erdbeersirup
$^1/_5$ Maraschino
$^1/_5$ Creme de Vanille rot
$^1/_5$ Chartreuse gelb
$^1/_5$ Cognac

The World's Pousse Café

$^1/_4$ Bénédictine D.O.M.
$^1/_4$ Rosenlikör
$^1/_4$ Maraschino
$^1/_4$ Cognac
1 dash Angostura

Union Jack

$^1/_3$ Grenadine
$^1/_3$ Maraschino
$^1/_3$ Chartreuse grün

Yankee's Pousse Café

$^1/_{10}$ Erdbeersirup
$^1/_{10}$ Maraschino
$^1/_5$ Creme de Vanille
$^1/_5$ Curaçao rot
$^1/_5$ Chartreuse grün
$^1/_5$ Weinbrand

KNICKEBEINS

Die Knickebeinmode ist wieder im Kommen, getragen von der süßen Welle, die jene für harte Männer abzulösen scheint. Im übrigen sind Knickebeins betörende »the day after drinks«, angenehm anregend und stärkend. Es gibt unter ihnen männliche, twen- und lady-Knickebeins. Der erfinderischen Mixphantasie sind hier kaum Grenzen gesetzt.

Voraussetzung für einen gut gemixten Knickebein sind eisgekühlte Zutaten und eisgekühlte Gläser, und zwar ein Cocktailmaß fassende Likörtulpen mit ganz schmalem Hals und einem oben gebauchten Kelch. Die Mixprozedur beginnt mit dem Einfüllen der schwerflüssigen Liköre: Vanille, Curaçao, Cherry Brandy, Cacao, Bénédictine usw. Dann wird ein von allem Eiweiß getrenntes Trinkeidotter darüber gesetzt. Dieser Eiball knickt den Geschmack von süß und scharf. Wer ein übriges tun möchte, wird etwas abgeriebene Mandel, Nüsse, Schokolade oder klitzeklein gehackten Ingwer bzw. Orangeade darüberstreuen und dann erst mit der jeweils passenden scharfen Sache — dem Brandy, Whisky, Gin oder Kirsch — auffüllen. In jedem Fall muß alles so geschickt übereinander in das schmale Glas praktiziert werden, daß nichts durcheinander und ineinander rinnt. Getrunken wird ein Knickebein zwar in einem Schluck, serviert wird er jedoch mit einem Strohhalm.

Knickebeins

Armagnac Knickebein

1 Teil Pfirsichlikör
1 Eigelb mit Mandeln überstreut
1 Teil Armagnac

Maraschino Knickebein

1 Teil Creme de Vanille rot
1 Eigelb mit Schokolade überstreut
1 Teil Maraschino
1 dash Weinbrand

Brandy Knickebein

1 Teil Curaçao
1 Eigelb mit Orangeat überstreut
1 Teil Weinbrand

Whisky Knickebein

1 Teil Creme de Cacao
1 Eigelb
1 Teil Irish Whiskey

Calvados Knickebein

1 Teil Bénédictine D.O.M.
1 Eigelb mit Nuß überstreut
1 Teil Calvados

Cherry Knickebein

1 Teil Cherry Brandy
1 Eigelb
1 dash Vanillesirup
1 Teil Kirschwasser

Chartreuse Knickebein

1 Teil Chartreuse grün
1 Eigelb mit abgeriebener
  Zitronenschale überstreut
1 Teil Wodka
1 dash Maraschino

Rum Knickebein

1 Teil Cointreau
1 Eigelb mit abgeriebener
  Orangenschale überstreut
1 Teil White Clipper Rum

Wodka Knickebein

1 Teil Kümmellikör
1 Eigelb
1 Teil Wodka

Barack Knickebein

1 Teil Apricot Brandy
1 Eigelb mit Mandeln überstreut
1 Teil Barack Palinka

Cognac Knickebein

1 Teil Marie Brizard Prunelle
  (Pflaumenlikör)
1 Eigelb mit Walnuß überstreut
1 Teil Remy Martin Cognac

Scotch Knickebein

1 Teil Cherry Brandy
1 Eigelb
1 Teil Scotch Whisky

Gin Knickebein

1 Teil Izzard
  (Baskischer Kräuterlikör)
1 Eigelb
1 Teil Lamplighter Gin

Orientalischer Knickebein

1 Teil Rosenlikör
1 Eigelb
1 Teil Maraschino

FÜR DIE COCKTAILPARTY

SHORT COCKTAILS

Cocktails sind die Zigaretten unter den Getränken. Geschaffen für die schöpferische Pause im bewegten Alltag, doch wie jene ruinös, wenn man pausenlos nach ihnen greift. Strenggenommen sind die eigentlichen Cocktails short drinks oder was man kurz trinkt, ohne sich lange damit aufzuhalten. Ein Cocktail enthält jenes weise auf zwei bis drei Schluck beschränkte Maß, das genügt, den ermüdeten Geist zu beflügeln, eine Unterhaltung zu beleben, und der das rechte Quantum wohlausgewogener Alkoholica, Kühle und Duft hat, um anzuregen oder auch zu beruhigen, ohne Kopf und Magen zu belasten. Nach allgemein erprobter Norm ist sein Volumen auf 50 ccm beziehungsweise 5 cl begrenzt. Ein Südwein- oder Vermouthglas wird also etwa $^3/_4$ voll, und man kann ungefähr mit 20 Cocktails aus einem Liter rechnen. Anders betrachtet, entsprechen 50 ccm $2^1/_2$ Likörgläsern.

Fehlt ein geeichter Meßbecher, dann soll man folgendes im Kopf behalten: zwei Likörgläser sind $^4/_5$ beziehungsweise $^8/_{10}$ eines Cocktails. $^1/_5$ füllt ein halbes Likörglas. Der zehnte Teil eines Cocktails entspricht einem viertel Likörglas, und $1^1/_4$ Likörgläser machen einen halben Cocktail aus.

Short drinks werden überwiegend mit Eis geschüttelt oder gerührt, aber kaum mit Eis im Glas serviert. Die Mischungen würden sich bei langem Stehen zersetzen oder verwässern; deshalb mixt der erfahrene Party-man im Augenblick für den Augenblick.

Cocktails sind Getränke, die man im Vorübergehen, im Stehen genießt. Ihre große Zeit sind die erwartungsvollen Minuten vor Tisch, die entspannende Viertelstunde nach dem Mokka, die Umschaltpause nach dem Büro, zwischen sechs und acht Uhr abends, der kleine Schwatz in der Hotelhalle, vor dem Dinner . . .

Für jede dieser Gelegenheiten gibt es wiederum gewisse Regeln. So reicht man unter anderem ausgesprochene before dinner Cocktails: starke und herbe Kombinationen mit appetitanregenden Bitters oder Kräuter-Elixieren wie Vermouth, also stets ohne Liköre und Süßes. Sie zählen zu den drys und extra drys.

Charakteristische after dinner drinks sind dagegen die bitteren, schweren und süßen Mixturen, vorwiegend auf der Basis der Liköre und Digestifs. Wir finden sie vor allem unter den sweets.

Daneben hält die hohe Mixkunst noch Rezepte bereit für Cocktails, die sowohl als before wie als after dinner drinks gelten dürfen, und schließlich noch die leichteren Mischungen mit Fruchtsäften oder Südweinen, die man zu allen übrigen Gelegenheiten serviert und bevorzugt den Damen anbietet. Sie alle gehören in die Gruppe der mediums.

Die immer neue Moden prägende Gesellschaft tendiert, was den Cocktail betrifft, zu den ungezuckerten, likörlosen dry Cocktails. Damit sind viele weltbekannte und preisgekrönte Rezepte ganz aus der Mode gekommen.

COCKTAILFRÜCHTE

Zu den trockenen Mischungen gibt man gerne Oliven, am besten grüne Salzoliven, die man nach spanischer Art erst gut wässert. Da man Oliven mit den verschiedensten Füllungen zu kaufen bekommt — mit Pimentos, Sardellen, Perlzwiebeln, Mandeln, Haselnüssen, Pistazien —, kann man dieses Cocktailgebiet mannigfach variieren. Doch bitte keine Oliven zu Whisky, Rum oder Obstwässern! Für die klaren und bitteren Cocktails eignen sich Cocktailzwiebeln, kandierter Ingwer, ganz zarte Maiskölbchen; und zu herben Sherry- oder Vermouthkompositionen sind Haselnüsse vielleicht die köstlichste Zutat.

Zu den meisten mediums mit Weinbrand kann man getrocknete Pflaumen, Mirabellen, Ananas, Kirschen, Mandeln oder Walnüsse reichen. Die Kirsche ist neben der Olive sicher der wichtigste Cocktailclou, in erster Linie Maraschino-Kirschen, dann Weinbrand-, Rumtopf- und Weichselkirschen, auch die grünen Kirschen im Minzesirup.

GIN

Gin ist in der Hauptsache Korndestillat, das ein zweites Mal mit Wacholderbeerenauszug gebrannt wird und mit verschiedenen Würzen wie Koriander, Angelikawurzel, Zitrone, Schlehe, Orangenblüte, Mandel oder Akazienknospe auf alle möglichen Weisen geschmacklich abgewandelt werden kann.

Dabei entstehen die verschiedensten Gintypen. Ihre Skala reicht vom faßgelagerten gelblichen House Of Lord's Gin und dem klassischen 45prozentigen extrem trockenen Finest Old Dry London Gin über den leicht milden Old Tom, den süßlichen Orange- und Plymouth Gin bis zum Apple Gin, likörartigen Sloe Gin und Pims' Nr. 1.

Gin entstand in Irland und England, und zwar nach dem Vorbild des aromatischeren holländischen Genevers, der wiederum dem berühmten Wacholderkorn aus Steinhagen, dem ostpreußischen Machandel, dem norwegischen Finkel, dem Schweizer Genipero und dem österreichischen Kranawitter verwandt ist. Auf dem Balkan sind Variationen von Wacholderbrand der Klekovaca, der Borovicka und der Brinjevec. Gin ist die bedeutendste Spirituose der Mixologie und die Grundlage des bekanntesten und vielfach verwandelbaren Cocktails, des Martini.

Gin-Cocktails

dry
Martini extra dry

$^4/_5$ White Satin Gin extra dry
$^1/_5$ Noilly Prat Vermouth
im Mixglas mit Eis rühren, ins Cocktailglas seihen und 1 ganze Sevilla-Olive zugeben

Martini dry

$^3/_5$ Gordon's dry Gin
$^2/_5$ Chambéry Vermouth
1 dash Angosturabitter
im Mixglas mit Eis rühren, ins Cocktailglas seihen und 1 ganze Sevilla-Olive beifügen

Standard Martini

$^4/_5$ Bols Silver Top Gin dry
$^1/_5$ Cinzano Vermouth extra dry
1 dash Orangenbitter
im Mixglas mit Eis rühren, sei-
hen, mit Zitronenschale abspritzen und mit 1 grünen Olive garnieren

Racquet Club Martini

$^2/_3$ Gilbey's Gin dry
$^1/_3$ Carpano Vermouth extra dry
1 dash Grenadine
im Mixglas mit Eis rühren und mit 1 Zitronenzeste servieren

Pink Lady

$^1/_4$ Genever de Kupers
$^1/_4$ Schlichte Cornever
$^1/_2$ Asbach Uralt Weinbrand
1 TL Zitronensaft
2 TL Grenadine
1 Eiweiß
im shaker mit Eis sehr kräftig schütteln, das Glas mit etwas Angosturabitter ausschwenken und dann mit der durchgeseihten Mischung auffüllen

Queen's Cocktail

$^1/_3$ Gilbey's Gin dry
$^1/_3$ Alte Ernte Steinhäger
$^1/_3$ Cinzano Vermouth rot
im shaker mit Eis schütteln, über
1 Stück Ananas und 1$^1/_2$ Scheibe
Orange ins Cocktailglas abseihen

Gibson

$^5/_6$ Henkes Gin dry
$^1/_6$ Gancia Vermouth dry
im Mixglas mit Eis rühren, abseihen und mit 1 Cocktailzwiebel
servieren

Angler's

$^9/_{10}$ Alter Genever
2 dashes Angosturabitter
3 dashes Orangenbitter
1 dash Grenadine
im Mixglas mit Eis sanft rühren
und über geschabtem Eis im
Cocktailglas servieren

medium
Martini Medium

$^1/_3$ Heinrich Gin dry
$^1/_3$ Martini Vermouth dry
$^1/_3$ Martini Vermouth rot
im Mixglas mit Eis rühren, seihen, mit 1 Olive garnieren

White Lady

$^3/_6$ Bols Silver Top Gin dry
$^2/_6$ Cointreau Triple sec
$^1/_6$ Zitronensaft
im shaker mit Eis stark, aber
kurz schütteln und abseihen

Bronx

$^2/_5$ Bols Genever

$^1/_5$ Noilly Prat Vermouth
$^1/_5$ Cinzano Vermouth rot
$^1/_5$ Orangenjuice
mit zerkleinertem Eis schütteln,
seihen

Alaska

$^2/_3$ Schlichte Steinhäger
$^1/_3$ Chartreuse gelb
2 dashes Orangenbitter

Orange Blossom

$^1/_4$ Schinkenhäger
$^1/_4$ Gordon's Gin dry
$^1/_2$ Orangensaft
1 dash Curaçao Triple sec
im shaker mit Eis kurz schütteln,
in eine Cocktailschale seihen und
mit Orangenschale spritzen

Paradise

$^1/_3$ Bols Silver Top Gin dry
$^1/_3$ Bols Apricot Brandy
$^1/_3$ Orangensaft
im shaker mit Eis gut schütteln
und ins Cocktailglas seihen

sweet
Martini Sweet

$^1/_3$ Bols Silver Top Gin dry
$^1/_3$ Stock Vermouth weiß
$^1/_3$ Stock Vermouth rot
im Mixglas mit Eis ruhren, abseihen und mit Zitronenschale
abspritzen

Princess Mary

$^1/_3$ frische Sahne
$^1/_3$ Old Bickett Gin
$^1/_3$ Creme de Cacao
schütteln

WODKA

Die Geschichte des Wodka beginnt im alten Polen, das wenig später russisch wurde, und mit der Getreidebrennerei. Jetzt destilliert man Wodka fast nur noch aus Kartoffeln und filtriert ihn auf komplizierte Weise, bis er möglichst geschmacksneutral und weich ist. Russischer Wodka wird in zwei Stärken als 4oprozentiges Rotkäppchen Stolitschnaja und als 57prozentiges Weißhäuptchen Moskowskaja exportiert.

Viele Wodkafabrikanten aus zaristischer Zeit setzten die Tradition des »Wässerchen-Brennens« nach uralten Familienrezepten in der Emigration fort und haben in Westeuropa und Amerika neue Weltmarken geschaffen. Der altgelagerte polnische Wodka Wyborowa ist ihnen aber eine beachtliche Konkurrenz geblieben. Wenn er Zusätze bestimmter Bisongräser erhält, dann heißt er Zubrowka und ist eine Köstlichkeit. Kleine Spuren von Wacholder, Bittermandeln, Zitrone, Mandarinen, Pomeranzen, Pfefferminz, Vanille etc. ergeben immer wieder Varianten. Es gibt auch Brände aus Bataten oder Topinambur, kartoffelähnlichen Gewächsen. Sie stellen dem Wodka verwandte Spezialitäten wie den norwegischen Dram, manchen Aquavit und auch den Olle aus Guatemala.

Wodka-Cocktails

dry
Gibsy

$^2/_3$ Smirnoff Wodka
$^1/_3$ Bénédictine D.O.M.
1 dash Orangenbitter
nur rühren, dann 1 Mandarinen-
schnitz

The Huntsman

$^9/_{10}$ Puschkin Wodka
$^1/_{10}$ Zitronensaft
4 dashes Jamaika Rum

1 Stück Würfelzucker
gut schütteln und abseihen

Whisper

$^3/_4$ Gorbatschow Wodka
$^1/_4$ Stock Vermouth dry
1 dash Pernod
sanft rühren

Bloody Mary

$^2/_3$ Stolitschnaja Wodka
$^1/_3$ Sangrita
1 Prise Selleriesalz
im shaker mit Eis schütteln

Tovarich

$^1/_2$ Wyborowa Wodka
$^1/_4$ Bommerlunder
$^1/_4$ Zitronensaft
mit Eis schütteln, abseihen, 1 getrocknete Pflaume dazu

Olive

$^4/_5$ Luksusowa Wodka
$^1/_5$ Tio Pepe Sherry dry
mit Eis rühren, mit Zitronenschale
abspritzen, mit 1 gefüllten Sevilla-Olive servieren

Tatjana

2 dashes Angosturabitter
$^6/_8$ Puschkin Wodka
$^1/_8$ Mampe Halb & Halb
$^1/_8$ Sherry
kurz schütteln und abseihen

Wodkatini

$^4/_5$ Smirnoff Wodka
$^1/_5$ Noilly Prat Vermouth
2 dashes Angosturabitter
mit Eis im Mixglas gut umrühren,
abseihen und 1 Cocktailzwiebel
ins Glas

Zubrowkatini

$^3/_4$ Zubrowka Wodka
$^1/_8$ Marie Brizard
   Creme de Menthe weiß

$^1/_8$ Zitronensaft
mit Eis im shaker schütteln, abseihen und mit 1 grünen Cocktailkirsche servieren

medium
Wolga Boatman

$^1/_3$ Graf Keglevich Wodka
$^1/_3$ Bols Cherry Brandy
$^1/_3$ Orangenjuice
im shaker mit Eis schütteln und
abseihen

Cherry Wodka

$^2/_3$ Gorbatschow Wodka
$^1/_6$ Schladerer Kirschwasser
$^1/_6$ Stock Maraschino
im Mixglas mit Eis leicht rühren,
abseihen und mit 1 Maraschinokirsche servieren

sweet
Wodka Nikolaschka

das Cocktailglas mit 2 dashes
Orangenbitter ausschwenken, mit
Moskowskaja Osobaja Wodka
auffüllen, das Glas mit 1 rand-
losen Orangenscheibe belegen,
1 TL Staubzucker darauf und mit
1 Schuß Cointreau beträufeln,
bis er in den Wodka läuft. Die
Orange mit dem Zucker zerkauen
und den Wodka nachkippen

KORN

Der Korn, der Klare und der Köm sind in erster Linie deutsche Spezialitäten und Kinder der althergebrachten, hochentwickelten Kunst der Kornbrennerei. Sie kommt vor allem aus den Gebieten wie Nordhausen, dem Münsterland, der Gegend von Cottbus, Breslau, Richterberg und Eckau. Auch Ostfriesland mit seinem Doornkaat, Holstein mit seinem Bommerlunder und Ostpreußen mit seinem Allasch vermehren ihren Ruf. Raffinierte Würzen mit Nelken, Zimt, Kümmel, Angelika, Rosmarin, Muskat und Koriander und Wacholder, um nur einige zu nennen, bestimmen den nuancierten Charakter der verschiedenen Landschafts-Spezialitäten. In Holland, Skandinavien, im Baltikum gibt es unzählige Aquavite. Ihr unaufdringliches Aroma macht sie zum idealen Leitmotiv für ›klare Cocktails aus klaren Sachen‹.

Korn-Cocktails

dry
Pile Driver

$^4/_5$ Schlichte Doppelkorn
$^1/_5$ Bols Curaçao
2 dashes Orangenbitter
mit Eis leicht rühren, abseihen und im Cocktailglas mit Cocktailmandarine

Sangrita Korn

$^1/_2$ Maltäser Aquavit
$^1/_2$ Sangrita
2 Spritzer Worchestershiresauce
mit Eis schütteln, abseihen und mit 1 zwiebelgefüllten Olive garnieren

Plum Korn

$^3/_4$ Bommerlunder

$^1/_4$ Prunelle
im Mixglas mit Eis kurz rühren, abseihen, mit 1 Armagnacpflaume garnieren

Allash Dragon

$^1/_2$ Lamplighter Gin
$^1/_4$ Allash
$^1/_8$ Marie Brizard
    Creme de Menthe grün
$^1/_8$ Lemonjuice
1 dash Angosturabitter
mit Eis schütteln und abseihen, dazu 1 grüne Cocktailkirsche

medium
TV Viewer

$^1/_2$ Schlichte Alte Ernte
$^1/_4$ Apricot Brandy
$^1/_4$ Grapefruitsaft
im shaker mit Eis gut schütteln, mit Zitronenzeste servieren

Hotel Atlantik

$^1/_2$ Doornkaat
$^1/_4$ Bols Pfefferminz
$^1/_4$ Curaçao Triple sec
im shaker mit Eis gut schütteln,
abseihen und im Cocktailglas servieren

Violett Korn

$^1/_2$ Doornkaat
$^1/_4$ Bardinet Creme de Cassis
$^1/_4$ Johannisbeersaft schwarz
im Mixglas mit Eis umrühren, abseihen

Blue Korn

$^1/_2$ Saatquell Korn
$^1/_4$ Curaçao blau
$^1/_4$ Grapefruitsaft

1 dash Grenadine
im shaker mit Eis schütteln und
abseihen, dazu 1 Cocktailkirsche

sweet
Afrika

$^1/_2$ Doornkaat
$^1/_2$ Bols Creme de Cacao
im shaker gut schütteln

Flying Horse

$^1/_2$ Dukat 54 Korn
$^1/_4$ Eckes Cherry Brandy
$^1/_4$ frische Sahne
1 dash Stock Maraschino
im shaker mit Eis kurz schütteln
und mit 1 Maraschinokirsche servieren

WHISKY

Whiskey oder Scotch Whisky, es handelt sich dabei ganz allgemein
um Getreidebrand, aber mit vielen Besonderheiten. Da sind zunächst die vier Whiskygrundtypen aus Schottland, die Scotches.
Alle werden aus Gerste gebrannt, deren gekeimte Körner, das
Malz, in sanftem Torf- und Holzrauch geröstet werden. In den
Highlands sind die Mischungen reine Gerstenmalzbrände, straights.
In den Lowlands dagegen legt man auf leichtere Typen Wert und
»blended« die Malt-Whiskies mit neutralen Kornbränden. Die aus
Islay und aus Campbeltown stammenden Scotches sind zum Unterschied besonders schwer und haben ein betont rauchiges Aroma.
Etwa 254 Scotchmarken gehen auf den Weltmarkt. Das Unnachahmliche an ihnen bilden vor allem Faktoren wie das schottische
Berg- und Moorwasser, die mindestens dreijährige Reifelagerung in
bestimmten Fässern und die Luft.
Für den irischen Whiskey werden oft neben Gerste auch noch andere
Getreidearten wie Hafer und Weizen verwendet, und beim Rösten
kommen die Kornkeimlinge nicht mit dem Rauch in Berührung.

Daher schmeckt Irish Whiskey milder und malziger als Scotch. Seine Lagerdauer ist im Durchschnitt sechs bis sieben Jahre.

In den USA bestimmen die Wasser-, Klima- und Bodenverhältnisse in Kentucky die Eigenart des vorwiegend aus Mais gebrannten Bourbon Whiskey. Genau wie der Rye Whiskey aus den Nordstaaten, der aus Roggenzumischungen gewonnen wird, liegt dieser amerikanische Whiskey, von Staatskontrolleuren versiegelt, mindestens vier Jahre in etwas angekohlten Eichenfässern.

Der leichteste und darum für die Cocktailkomposition unproblematischste Whiskey ist der kanadische. Im wesentlichen ein Weizenprodukt ist er von Natur aus heller als Scotch, Irish, Bourbon oder Rye, denn er verläßt sein Lager meist schon nach zwei Jahren und ist dann noch relativ frisch.

Auch in Deutschland werden Whiskysorten fabriziert, genauer genommen geblended, denn die Grundlagen sind hier importierte, abgelagerte Malt-Whiskies, die, mit unseren berühmten Münsterländer Korndestillaten gemischt, eine durchaus akzeptable, zartrauchige Note erhalten und sich qualitativ gut vergleichen können.

In der Mixkunst ist der Whisky das zweitwichtigste Ingrediens, und auch die Whiskyliköre, von Kirsch, Kaffee bis Honigkombinationen wie Drambuie und Irish Mist, spielen in der Barkunde eine große Rolle.

Scotch-Cocktails

dry
The Bairn

$^2/_3$ Ballantine's Blended Scotch
$^1/_3$ Cointreau Triple sec
1 dash Angosturabitter

GBS

$^9/_{10}$ White Label Scotch
3 dashes Bénédictine D.O.M.
2 dashes Campari

Woodward

$^1/_3$ Vat 69 Blended Scotch
$^1/_3$ Chambéry Vermouth
$^1/_3$ Grapefruitjuice

im shaker schütteln, mit Zitrone abspritzen

medium
Blood and Sand

$^1/_4$ Grant's Straight Malt
  Highland Scotch
$^1/_4$ Heering Cherry Brandy
$^1/_4$ Gancia Vermouth rot
$^1/_4$ Orangensaft
im shaker schütteln

Benedikt

$^1/_3$ Haig's Blended Scotch
$^1/_3$ Bénédictine D.O.M.
$^1/_3$ Ginger-Ale
im Mixglas rühren

sweet
Barbary Ghost

$^2/_6$ White Horse Scotch
$^1/_6$ Beefeater Gin
$^1/_6$ Negrita Rum
$^1/_6$ Creme de Cacao
$^1/_6$ Sahne
stark schütteln und abseihen

Irish Whiskey-Cocktails

dry
Irish

$^9/_{10}$ Old Bushmils Whiskey
2 dashes Cointreau Triple sec
2 dashes Pernod
1 dash Maraschino
1 dash Angosturabitter
mit Eis rühren, abseihen und mit
1 Orangenscheibe abspritzen und
servieren

Everybody Irish
$^4/_5$ John Jameson Whiskey
$^1/_{10}$ Chartreuse grün
$^1/_{10}$ Bols Creme de Menthe
im Mixglas mit Eis rühren, abseihen und mit 1 grünen Cocktailkirsche servieren

Wild Irish Rose
$^3/_5$ B. Daly Whiskey
$^2/_5$ Zitronensaft
1 Schuß Grenadine
mit Eis schütteln und abseihen

medium
Blackthon

$^1/_2$ John Power Dublin Whiskey
$^1/_2$ Stock Vermouth
3 dashes Pernod
3 dashes Orangenbitter
im Mixglas rühren, ins Glas abseihen

sweet
Tipperary
$^1/_3$ Cork Whiskey
$^1/_3$ Cinzano rot
$^1/_3$ Chartreuse grün
kurz mit Eis rühren, abseihen

Sweet Irish
$^1/_3$ W & A Gilbey's Whiskey
$^1/_3$ The Irish Mist Liqueur
$^1/_6$ Zitronensaft
$^1/_6$ Orangen Cusenier
2 dashes Orangenbitter
im shaker stark schütteln, mit
1 Stück Orangenschale servieren

American Whiskey-Cocktails

dry
Manhattan Nr. 1 dry

$^4/_5$ Canadian Club Whiskey
$^1/_5$ Carpano Punt & Mes
     Vermouth dry
1 dash Angostura
im Mixglas mit Eis rühren, abseihen, mit Zitronenschale abspritzen, servieren Sie dazu Haselnüsse!

Brooklin

²/₃ Seagram's V. O. Whiskey
¹/₃ Noilly Prat Vermouth
1 dash Amer Picon
1 dash Stock Maraschino
im shaker mit Eis kurz schütteln,
abseihen und 1 Maraschinokirsche dazugeben

Old Pale

³/₄ Four Roses Bourbon Whiskey
¹/₄ Campari
1 TL Rose's Limejuice
im Mixglas mit Eis rühren, abseihen, 1 Zitronenzeste

Old Fashioned

In ein Old Fashionedglas gibt
man 2 Eiswürfel, ¹/₂ Zitronen-
und ¹/₂ Orangenscheibe, dann 4
dashes Angostura, 1 TL Zucker
und 1 Cocktailmaß Bourbon, rührt
kurz um, spritzt mit Zitronensaft
ab und füllt nach Belieben mit
Soda auf.

Lafayette

⁶/₈ Black Diamond Rye Whiskey
¹/₈ Dubonnet
¹/₈ Noilly Prat Vermouth
1 dash Angostura
im Mixglas rühren und über Eis
im Old Fashioned-Glas servieren

medium
Manhattan Medium

²/₃ Rye Whiskey
¹/₆ Cinzano extra dry
¹/₆ Cinzano rot
1 dash Orangenbitter
im Mixglas mit Eis rühren,
1 Maraschinokirsche dazu

sweet
Manhattan Sweet

²/₃ Old Crow Bourbon Whiskey
¹/₃ Martini Rosso
2 dashes Cointreau Triple sec
1 dash Orangenbitter
im Mixglas mit Eis rühren, abseihen, 1 Maraschinokirsche dazu

BRANDY

Brandy ist der international übliche Sammelbegriff für Weinbrände,
also für Destillate aus Wein. Der berühmteste unter ihnen nennt
sich Cognac und stammt aus einem limitierten Anbaugebiet West-
frankreichs entlang der Charente, wo nach traditionellen Verfahren
gebrannt wird. Die älteste Weinbrandtradition Frankreichs wird in
der nicht weniger begünstigten Weinbauzone, dem südlich der
Gironde liegenden Armagnac, gepflegt.
Aber auch in Deutschland, Italien und Jugoslawien entstehen edle
Weinbrände. Weinbrände von besonderem Geschmackscharakter
stammen aus den Landschaften um Porto und Jerez de la Frontera.

Klima und Bodenverhältnisse, Traubensorten und Brenntechnik
bürgen nur teilweise für die Qualität, denn sie wird bei Weinbrand
mehr als bei allen anderen Spirituosen vom Altern, von der Art
der Reifelagerung und nicht zuletzt vom individuellen Gaumen-
gefühl der Meisterdestillateure bestimmt.
Treber, Grappa oder Marc dagegen sind die Destillate aus bereits
gepreßten Weintrauben. Sie gehören zu den klarsten und reinsten
gebrannten Wässern.

Brandy-Cocktails

dry
East India
$^9/_{10}$ Hennessy Cognac
1 TL Curaçao Triple sec
1 TL Ananassaft
2 dashes Angosturabitter
im Mixglas rühren und mit 1 Kirsche servieren

Between the Sheets
$^2/_3$ Janneau Armagnac
$^1/_6$ Cointreau Triple sec
$^1/_{12}$ Bacardi Rum weiß
$^1/_{12}$ Zitronensaft
im shaker mit Eis schütteln,
abseihen

Vanderbilt
$^8/_3$ Montesquieu Armagnac
$^1/_3$ Cordial Medoc
2 dashes Grenadine
1 dash Angostura
im shaker mit viel Eis schütteln
und abseihen

Brandini
$^3/_4$ Stock Brandy 84

$^1/_4$ Stock Vermouth extra dry
1 dash Pernod
1 dash Orangenbitter
im Mixglas mit Eis rühren und
abseihen

Asbach Grand
$^2/_3$ Asbach Uralt Weinbrand
$^1/_3$ Grand Marnier
2 dashes Orangenbitter
im Mixglas rühren, mit Zitronenschale abspritzen und 1 Stück
Ananas hinzufügen

Marc Nr. 1
$^3/_{10}$ Grundbacher Marc
$^5/_{10}$ Boulard Calvados
$^2/_{10}$ Grenadine
1 dash Angosturabitter
im Mixglas mit Eis kurz rühren,
abseihen und mit 1 Weinbeere
servieren

medium
B & B
$^1/_2$ Remy Martin Cognac
$^1/_2$ Bénédictine D.O.M.
in Zimmertemperatur servieren

Black Pagoda
1/2 Jacobi Weinbrand
1/2 Malagawein
leicht schütteln

Bazooka
2/5 Asbach Uralt Weinbrand
1/5 Chartreuse grün
1/5 Mampe Cherry Brandy
1/5 Nicholson Gin
im Mixglas rühren und mit
1 Ananasstück servieren

Sidecar
2/5 Scharlachberg Weinbrand
2/5 Cointreau
1/5 Zitronensaft
im shaker kurz schütteln,
abseihen

Stinger
2/3 Texier Weinbrand
1/3 Marie Brizard
  Creme de Menthe
im shaker mit Eis schütteln und
abseihen

Marc Nr. 2
9/10 Eckes Zinn
1 TL Orangenblütenhonig
1 TL Zitronensaft
im shaker mit Eis ganz stark

schütteln, abseihen, mit 2—3 Rosinen servieren

sweet
Alexander
1/3 Dujardin Weinbrand
1/3 Creme de Cacao
1/3 süße Sahne
im shaker sehr rasch mit Eis
schütteln

Femina
1/3 Courvoisier Cognac
1/3 Bénédictine D.O.M.
1/6 Cointreau
1/6 Orangensaft
im shaker schütteln, mit Zitronenschale abspritzen

Betsy Ross
1/2 Stock Brandy 84
1/2 Burmester Port rot
1 dash Curaçao
2 dashes Orangenbitter
im Mixglas mit Eis rühren und
abseihen

Chocolate Heart
2/3 Dujardin Imperial Weinbrand
1/6 Hershey's Syrup
1/6 Sahne
1 Messerspitze Nescafé
1 dash Negrita Rum

RUM

Original-Rum ist ein reines zwischen 62- und 81prozentiges Zuk-
kerrohr- oder Zuckerrohrmelassedestillat, das heute fast überall,

wo man das aus Indien stammende Zuckerrohr kultiviert, gebrannt wird. Schwerpunkte der Rumproduktion sind Mexiko, die Westindischen und Karibischen Inseln, die Antillen, Guadeloupe, Martinique, Trinidad, Jamaika, Kuba, Haiti und Puerto Rico. Während die Inseln mit britischen Traditionen im allgemeinen nach dem Whiskyverfahren brennen, wird in den französischen Zonen die dreifache Cognac-Destilliermethode bevorzugt.

Jede der vielen Inseln produziert mehr oder weniger einen speziellen Rum. Die Sorten unterscheiden sich dabei nicht durch die Farbskala — zwischen wasserhell und dunkelbernstein — oder durch die Alkoholstärke, sondern vor allem durch die beigegebenen Würzen. Die Dosagen reichen von Karamelzucker, Rosinen, Ananas, Zimtäpfeln bis zu Vanille und Bataya-Akazien.

Entscheidend für die Qualität und das Bukett sind ferner die Art und die Dauer der Lagerung, für die man gerne ein kühleres Klima, wie in Europa zum Beispiel, bevorzugt.

Sogenannter Echter Rum ist mittels destillierten Wassers auf die sogenannte Trinkstärke zwischen 45 und 40 Vol. % herabgesetzt. Rumverschnitt, übrigens eine über Deutschland hinaus kaum bekannte Notlösung schwerer Zeiten, ist neutraler Sprit, der mit dem Original-Rum nur aromatisiert wird. Nach dem Gesetz muß Rumverschnitt mindestens 5 % 70prozentigen Original-Rum in den 38 % des vorgeschriebenen Alkoholteiles enthalten. Das macht unter Umständen weniger als 2 % Rumalkohol in einer Flasche. Inländer Rum ist im besten Fall ein Rübenzuckerdestillat, meist aber nur Kunstrum: Branntwein mit Rumaroma.

Reiner, alter Rum ist edlem Cognac oder Whisky ebenbürtig und öffnet der Mixkunst ein weites Feld für herrliche Kompositionen.

Rum-Cocktails

dry
Bushranger

1/2 Negrita Rum
1/2 Dubonnet
2 dashes Angostura
mit Eis schütteln, seihen

Captain's Blood

4/5 Coruba Rum
1/5 Limejuice
2 dashes Angostura
im shaker mit geschabtem Eis
schütteln

Chinese Rum

$^4/_5$ Coruba Rum
$^1/_5$ Grenadine
3 dashes Curaçao orange
2 dashes Maraschino
1 dash Angosturabitter
im Mixglas mit Eis rühren und
mit 1 Rumkirsche servieren

Triple Barre

$^1/_2$ Captain Morgan Rum
$^1/_3$ Smirnoff Wodka
$^1/_3$ Kirschsirup
im shaker mit geschabtem Eis
schütteln, 1 Maraschinokirsche ins
Glas

medium
Daiquiri

$^5/_8$ Bacardi White Label Rum
$^1/_8$ Zitronensaft
$^1/_8$ Limesirup
$^1/_8$ Zuckersirup
im shaker mit Eis stark schütteln,
abseihen

Cuba Daiquiri

$^5/_8$ Bacardi Gold Label Rum
$^1/_8$ Zitronensaft
$^1/_8$ Limejuice
$^1/_8$ Grenadine
im shaker mit Eis stark schütteln,
abseihen

Martinique Daiquiri

$^1/_2$ Negrita Rum
$^1/_8$ Ananassaft
$^1/_8$ Grapefruitsaft
$^1/_8$ Limejuice

$^1/_8$ Lemonsirup
im shaker mit Eis gut schütteln
und abseihen

The Lucie

$^1/_3$ Lemon Hart's Golden
   Jamaica Rum
$^1/_3$ Grand Marnier
$^1/_3$ Zitronensaft
1 dash Curaçao orange
im Mixglas rühren und über 1 Zi-
tronenstück ins Cocktailglas gießen

Chiccharmey

$^2/_5$ White Clipper Rum
$^1/_5$ Zitronensaft
$^1/_5$ Apricot Brandy
$^1/_5$ Limejuice
$^1/_2$ Löffelspitze Honig
im shaker kräftig schütteln, in
ein geeistes Glas füllen

Palmetto

$^1/_2$ Duquesne Martinique Rum
$^1/_2$ Stock Vermouth rot
1 dash Orangenbitter
im Mixglas rühren, mit Orangenzeste und Cocktailmandarine garnieren

Rum Orange

$^1/_2$ Coruba Rum
$^1/_4$ Orangensaft
$^1/_8$ Carpano Rosse Vermouth
$^1/_8$ Carpano Punt e Mes
   Vermouth
1 Prise Zimt
im shaker mit Eis gut schütteln

sweet
Bee's Kiss
⁹/₁₀ Negrita Rum
1 TL Honig
1 TL Sahne
mit Eis sehr gut schütteln, abseihen

Panama
¹/₂ Robinson Rum
¹/₄ Creme de Cacao
¹/₄ Sahne
im shaker mit Eis stark schütteln, abseihen und mit 1 Rumkirsche verzieren

ENZIAN

Enzian ist die oberbayerische, Graubündner und korsische »Gebirgswassermedizin«. Ein rasses, klares Wurzeldestillat, gewonnen aus den oft armdicken, weitverzweigten Wurzeln des gelben Enzians, die man hauptsächlich in den französischen Alpenregionen, in der Schweiz, in Tirol und in den oberbayerischen Gebirgen gräbt. Das opiumerdige Aroma ist nicht jedermanns Sache, aber es ist ein äußerst bekömmliches Magenfeuer. Auf edlen Enzianbränden und -extrakten basieren viele Magenbitter, Kräuter- und Wurzelbrände und der weitverbreitete Aperitif Suze.
Noch mehr als der populäre Tequila, mit dem er Ähnlichkeit hat, entfaltet der Enzian in speziellen Cocktails seine unvergleichlichen Eigenschaften, und der Clou solch männlicher Mixturen sind die Kombinationen von Enzian und Brombeeren. Es wird aber auch Enzianlikör hergestellt, und die Getränke aus Meister- oder Kaiserwurz sind dem Enzian artverwandt.

Enzian-Cocktails

dry
Mountain
¹/₃ (Riemerschmid) Gebirgs-
   Enzian
¹/₃ Batavia Arrak
¹/₃ Sans Rival Ouzo
1 Zitronenzeste

To set on fire
¹/₆ (Hemmeter) Enzian

¹/₆ Eristow Wodka
²/₃ Suze Aperitif
mit Eis rühren, seihen

Bitterwort
¹/₃ (Grassl) Enzian
¹/₃ Booth's Highland Dry
   London Gin
¹/₃ Boonekamp
mit Eis rühren, abseihen

St. Antoner Nikolaschka

auf den doppelten Enzian wird
1 Zitronenscheibe gegeben, darauf
1 Scheibe Tiroler Speckwurst
und 1 Messerspitze Paprika

Ski Sky

4/5 (Grassl) Enzian
1/5 Suze Aperitif
2 dashes Grenadine
1 Brombeere dazu

medium
Fell Wort

1/3 (Riemerschmid) Gebirgs-
Enzian
1/3 Ettaler Klosterlikör
1/3 Maraschino Maraska-Zadar

Isar Island

2/3 (Riemerschmid) Gebirgs-
Enzian

1/3 Mesimarja (finnischer
Brombeerlikör)
im Mixglas rühren
1 Brombeere ins Glas

Pitcover

1/3 (Grassl) Enzian
1/3 Chartreuse grün
1/3 Calisay Aperitiflikör
im Mixglas mit Eis rühren,
1 grüne Cocktailkirsche ins Glas

sweet
Rootwife

1/3 (Hemmeter) Enzian
1/3 (Hemmeter) Enzianlikör
1/6 Kroatzbeere
1/6 Brombeersirup
im Mixglas rühren

TEQUILA

Tequila und Mezcal sind mexikanische Nationalschnäpse, gewonnen aus der Margue Agave, altgelagert sehr feine, starke und klare Kakteendestillate, die in der amerikanischen Barwelt eine Schlüsselstellung einnehmen. Es gibt zwei Trinksitten, die den Genuß von Tequila noch heben: entweder man lecke an einer Prise Salz, zerbeiße dann eine Zitronenscheibe und spüle mit einem kräftigen Schluck Tequila nach, oder man trinke aus zwei Gläsern abwechselnd, wovon das eine mit Tequila, das andere mit Sangrita gefüllt ist. Sangrita ist eine Mischung aus Tomaten- und Orangensaft, die mit Salz, Pfeffer, Lemonen- und Zwiebelsaft, Worchestershire- und Tobascosauce gewürzt ist. In einschlägigen Geschäften findet man heute den schon fix und fertig bereiteten Sangrita mit den kleinen grünen Mexiko-Zitronen.

Tequila-Cocktails

dry
Tequila Sunrise

$^4/_5$ (Riemerschmid) Tequila
$^1/_5$ Zitronensaft
6 dashes Bardinet
   Creme de Cassis
1 dash Grenadine
im Mixglas leicht rühren, über
eine Zitronenspirale ins Glas
füllen

Tequila Cocktail

$^2/_3$ Finisimo Tequila Espuela
$^1/_3$ Noilly Prat Vermouth
2 dashes Vanilleextrakt
mit Eis rühren, abseihen

Tequila Perez

$^1/_3$ (Riemerschmid) Tequila
$^2/_3$ Portwein herb
2 dashes Angostura
1 TL Limejuice
im shaker mit Eis kurz schütteln,
abseihen

Piscador

$^4/_{15}$ (Riemerschmid) Tequila
$^1/_5$ Kahlua (amer. Tequilalikör
   mit Kaffeegeschmack)
mit geschabtem Eis und Zitronenzeste servieren

Dorado

$^3/_4$ Tequila
$^1/_8$ Zitronensaft
$^1/_8$ Limejuice
$^3/_4$ TL Honig

im shaker mit Eis sehr fest schütteln, abseihen

Margarita

$^4/_5$ Tequila
$^1/_5$ Limejuice
1 dash Curaçao Triple sec
im Mixglas mit geschabtem Eis
rühren, in ein Cocktailglas abseihen,
1 Zitronenscheibe mit
1 Prise Salz bestreut zerkauen
und dann erst den Cocktail nachkippen

Tequila Sour

$^7/_{10}$ Tequila
$^2/_{10}$ Zitronensaft
$^1/_{10}$ Zuckersirup
im shaker mit Eis stark schütteln
und mit 1 Maraschinokirsche servieren

Bloody Johannita

$^1/_2$ Tequila
$^1/_2$ (Riemerschmid) Sangrita
mit Eis schütteln, abseihen und
mit gehackten Sellerieblättern bestreuen

medium
Amoroso

$^1/_2$ Damjana (mexikanischer
   Likör)
$^1/_2$ Tequila
1 TL Limejuice
im shaker mit Eis schütteln, abseihen

FÜR DIE COCKTAILPARTY 75

APFELBRANDY

Eine großartige Basis für exzellente Cocktails sind alle Arten von Apfeldestillaten, seien sie nun direkt aus den Früchten, aus Apfelresten, also den Preßrückständen bei der Saftgewinnung, oder aus einem sorglich verarbeiteten Apfelsaft oder Apfelwein gebrannt. An ihrer Spitze steht unbestritten der weltberühmte und ach so köstliche Calvados aus der Normandie und dann das Eau de Vie de Cidre benachbarter französischer Provinzen. Sie sind wie Cognac behandelt und gereift. Gleich nach ihnen kommt der nordspanische Aguardiente de Cidra, und in den USA gehören Applejack, Applebrandy und verschiedene Apfelliköre zum Standardinventar jeder guten Bar.

Calvados-Cocktails

dry
Diki Diki

$^2/_3$ Boulard Calvados
$^1/_6$ Schwedenpunsch
$^1/_6$ Grapefruitsaft
im shaker mit Eis schütteln, abseihen

Ante

$^1/_2$ Père Magloire Calvados
$^1/_4$ Cusenier
$^1/_4$ Dubonnet
1 dash Angosturabitter
im Mixglas mit Eis rühren, abseihen

Vermont

$^3/_4$ Calvados
$^1/_4$ Maplesirup (kanadischer Ahornsirup)
1 TL Zitronensaft
im shaker mit Eis schütteln, abseihen

Widow's Kiss

$^9/_{10}$ Dallmayr Pays d'Auge Calvados
3 dashes Bénédictine D.O.M.
3 dashes Chartreuse gelb
1 dash Angosturabitter
im shaker mit Eis nur 1- bis 2mal schütteln und abseihen

Roulet

$^1/_2$ Busnel Calvados
$^1/_4$ White Clipper Rum
$^1/_4$ Mampe Schwedenpunsch
im Mixglas mit Eis rühren, abseihen

Apple

$^1/_3$ Applebrandy
$^1/_6$ Dujardin Weinbrand
$^1/_6$ Gilbey's Gin
$^1/_3$ Apfelsaft
im shaker mit Eis schütteln und abseihen

Barton Special

$^1/_2$ Applebrandy
$^1/_4$ Black & White Scotch
$^1/_4$ Gordon's Gin dry
im Mixglas mit Eis rühren und
mit 1 Zitronenzeste servieren

medium
Angel's Face

$^1/_3$ Norois Calvados
$^1/_3$ Bols Apricot Brandy
$^1/_3$ Bosford Gin extra dry
im Mixglas mit Eis rühren, abseihen

A.J.

$^1/_2$ Morin Calvados
$^1/_2$ Grapefruitsaft
1 dash Grenadine
im shaker mit Eis schütteln, abseihen

Deauville

$^1/_3$ Calvados
$^1/_3$ Asbach Uralt Weinbrand
$^1/_6$ Cointreau
$^1/_6$ Zitronensaft
2 dashes Rose's Limejuice
im shaker mit Eis schütteln,
abseihen

Warday's

$^1/_3$ Père Magloire Calvados
$^1/_3$ Bosford Gin

$^1/_3$ Martini Rosso
1 TL Chartreuse gelb
im Mixglas rühren

Marconi Wireless

$^2/_3$ Busnel Calvados
$^1/_3$ Cinzano rot
2 dashes Orangenbitter
mit Eis kurz rühren,
1 Cocktailmandarine ins Glas

Applejack Rabbit

$^1/_2$ Calvados
$^1/_3$ Orangensaft
$^1/_6$ Limejuice
1 dash Orangenbitter
im shaker mit Eis schütteln

sweet
Castle Dip

$^1/_2$ Boulard Calvados
$^1/_2$ Marie Brizard
   Creme de Menthe weiß
3 dashes Pernod
im shaker mit Eis sehr gut schütteln, abseihen

Coffee Cocktail

$^1/_3$ Père Magloire Calvados
$^2/_3$ Taylor's Port rot
1 Eigelb
im shaker sehr mit Eis schütteln,
abseihen und mit 1 Hauch geriebener Muskatnuß servieren

KIRSCH

Reintönige Obstbrände im allgemeinen und solche wie Kirschwasser im besonderen sind im Grunde genommen zu edel für Mixspielereien an der Hobby-Bar. Die auserlesenen Bergwildkirschen, seien sie nun für ein Schwarzwälder Kirschwasser, für den Elsässer, Tiroler und böhmischen Kirsch oder für das Chriesiwasser der Schweiz bestimmt, werden damit immer seltener und kostbarer. Das Aroma der Kirsche in Form von Likören wie Maraschino, Cherry Brandy, Kirsch Cordial oder in bewährten Kombinationen wie zum Beispiel Whisky-Kirsch, Rum-Kirsch etc. ist dagegen aus der Barkunst nicht wegzudenken.

Im allgemeinen aber stellt man aus Obstbränden in der Hauptsache Cocktails mit Früchten, also Cobblers und long drinks zusammen. Das sehr blumige Aroma jedoch macht sie, wie mehr oder weniger alle Fruchtgeister, für Aperitifs oder before dinner Cocktails, ungeeignet. Um so genußvoller wirken sie dann zum Nachtisch-Mokka als after dinner drink.

Kirschwasser-Cocktails

dry
Alsatian

1/3 Chriesiwässerli
1/3 Jacobi 1880 Weinbrand
1/3 kalter schwarzer Kaffee
1 TL Zucker
im shaker mit Eis schütteln,
abseihen

Lorraine

2/3 Burkhart & Krafft Kirschwasser
1/3 Marnier Cherry Brandy
1 dash Limejuice

Batavia Kirsch

2/3 Schladerer Kirschwasser
1/3 Batavia Arrak
1 dash Stock Maraschino
1 dash Bols Creme de Vanille rot
im Mixglas mit Eis rühren

medium
Oriental Sour

1/8 Limejuice
1/4 Orangensaft
1/2 Grundbacher Kirschwasser
1 TL Zucker
im shaker mit Eis stark schütteln

Ananas-Kirsch

3/4 Kord Bohemian Kirschwasser
1/8 Bols Kirschlikör
1/8 Chiemseer Klosterlikör gelb
1 TL Zuckersirup
im Mixglas kräftig rühren, über
Ananasstücke im Glas gießen

Cherry

$^1/_2$ Seldeneck Kirschwasser
$^1/_4$ Kantorowicz Herzkirsch
$^1/_4$ Yoga Sauerkirschsaft
im shaker mit Eis schütteln, abseihen und mit einer Rumkirsche
servieren

sweet
Bromberg

$^1/_4$ Schladerer Kirschwasser
$^1/_4$ Fugger Cherry Brandy
$^1/_4$ Luxardo Maraschino Likör
$^1/_4$ Orangenbitter
im Mixglas rühren und mit 1 Ma-
raschinokirsche servieren

Rosemary

$^1/_3$ Grundbacher Kirschwasser
$^1/_3$ Himbeersaft
$^1/_3$ Cinzano Vermouth dry
1 Spritzer Stock Maraschino
im Mixglas mit Eis schütteln

$^1/_3$ Hammer Kirschwasser
$^1/_3$ Eckes Maraschino
$^1/_3$ Advokat
1 Schuß Creme de Vanille rot
ein wenig verrühren,
1 Cognackirsche ins Glas

ZWETSCHGEN

Sliwowitz aus Jugoslawien, wo es über 17 Millionen Pflaumen-
bäume gibt, Zuika aus Rumänien, Pflümli aus der Schweiz, Elsässer
Quetsch, Schwarzwälder Zwetschgenwasser, Plumbrandy aus England, der ungarische Pflaumenlikör Civovitzka, das Metzer Mirabellchen, Eau de Vie de Prunelle, Schwarzwälder Zibartenbrände,
französisches Schlehenwasser und südenglischer Sloe Gin bilden
eine große und großartige Familie klarer duftender Fruchtgeister.
Pflaumendestillate sind vom Balkan bis nach England die Grundlage zu vielen Fruchtbränden, Cordials und Likören, die wir in berühmten Cocktailrezepten finden.

Zwetschgenwasser-Cocktails

dry
Plumkorn

$^1/_3$ Bommerlunder
$^1/_3$ Tannerhof Zwetschgenwasser
$^1/_3$ Pflaumenlikör
mischen und mit einer Back-
pflaume im Cocktailglas servieren

Blackforest

$^2/_3$ Grundbacher Pflümli
$^1/_3$ Sloe Gin
1 dash Maraschino
im Mixglas mit Eis rühren,
seihen

FÜR DIE COCKTAILPARTY 79

medium
Little Plum

1/2 Metzer Mirabellchen
1/2 Prunelle
1 Pruneaux d'Agen
(Pflaumen in Armagnac)
im Mixglas rühren und über die
Pflaume im Glas gießen

Sliwowitz Melange

1/3 Sliwowitz
1/3 starker kalter Kaffee
1/3 Sahne

im shaker kräftig schütteln und
nach dem Eingießen mit einer
Prise Puderzucker und Kaffee-
pulver überstreuen

sweet
Civovitzka

1/3 Schladerer Zwetschgenwasser
1/3 Civovitzka
(ungarischer Pflaumenlikör)
1/3 Rahm
nur rühren

APRIKOSEN

Ja, Marillengeist aus der Wachau, Barack Pàlinka aus dunkelsüßen Aprikosen der ungarischen Tiefebene, Tessiner und Walliser Apricotine, griechische und andere Apricot Brandys gehören zu den duftendsten Trinkerdelikatessen, die zu köstlichen Mixkombinationen verführen. Mit ihnen dürfen auch die Pfirsichgeister genannt werden wie der ungarische Öszibarack, Pfirsichwasser aus dem Tessin, Peach Brandy und Persicot Liköre. Vor allem aber Peachbitter, ein hocharomatischer Geschmacksverfeinerer ungezählter Cocktails. Zu den feinblumigen hocharomatischen Fruchtdestillaten gehören auch der selten vermischte Himbeergeist und das Birnenwasser.

Aprikosengeist-Cocktails

medium
Apri

1/3 Barack Pàlinka Aprikosengeist
1/3 Apry Marie Brizard
1/6 Negrita Rum
1/6 Orangensaft

APRICOTINE

1/3 Apricotine

1/3 Armagnac
1/3 Eckes Apricot Brandy
1 dash Peachbitter
im Mixglas rühren

Apricot Cheek

1/3 Marillengeist
1/3 Bols Apricot Brandy
1/3 Branca Vermouth rot

Tessin

$^1/_3$ Morand Apricotine
$^1/_3$ Armagnac
$^1/_3$ Yoga Aprikosensaft
1 dash Vanillesirup rot
im shaker mit Eis gut schütteln,
abseihen

sweet
Hungaria

$^1/_4$ Barack Pàlinka Aprikosengeist
$^1/_4$ Bols Apricot Brandy
$^1/_4$ Yoga Aprikosensaft
$^1/_8$ Curaçao
$^1/_8$ Grenadine
im shaker mit Eis gut schütteln,
abseihen, dazu Walnüsse

Obstgeist-Cocktails

medium
Raspberry

$^4/_6$ Seldeneck Himbeergeist
$^1/_6$ Raspberry Brandy
$^1/_6$ Himbeergeist
im shaker mit Eis kurz schütteln,
seihen und mit 1 Maraschinokirsche reichen

medium
Golden Perry

$^2/_3$ Morand William's
$^1/_3$ Grundbacher Birnenlikör
1 kleiner Tropfen Bittermandelöl
im Mixglas mit Eis kurz rühren
und abseihen

sweet
Helene

$^1/_3$ Tannerhof Williamsbirne
$^1/_3$ Hershey's Syrup
$^1/_3$ Sahne
1 TL Zucker
1 dash Creme de Vanille rot
im shaker schütteln

FÜR ALLERLEI GELEGENHEITEN

FANCY DRINKS

Ja, die endlose Reihe der fancy drinks sollte eigentlich am Schluß des Buches stehen, weil sie sich nirgends einordnen lassen und weil es für sie auch kaum ein festes Rezeptschema gibt. Aber andererseits sind gerade diese Kinder der Phantasie die besten drinks für alle Stunden des Tages. Unter ihnen finden wir oft Spezialitäten Prominenter und die preisgekrönten Cocktails aus den Wettbewerben der I.B.U., der Internationalen Barkeeper-Union, oder der Markenindustrie.

Buckarroo

In einen großen tumbler gibt man 3 Eisstücke, übergießt mit 1 BL Angostura und 1 Cocktailmaß Whisky und füllt mit Coca Cola auf. Mit Strohhalm servieren

Cuba Libre

In einen großen tumbler gibt man
3 Eiswürfel,
den Saft 1/2 Zitrone,
1 Glas Kuba Rum,
gießt mit Coca Cola auf,
garniert mit 1 Zitrone
und serviert mit Strohhalm

Avant Souper

In ein Cobblerglas halbvoll Eisschnee gibt man 3 dashes Pernod, 1 Cocktailmaß italienischen Vermouth weiß und füllt mit Sodawasser auf

Kolumbia Skin

2 TL Grenadinesirup
1 Cocktailmaß Rum
im Mixbecher mit Eis rühren,
ins Cocktailglas abseihen,
mit 1 Zitronenscheibe garnieren
und mit je 1 Prise Pfeffer und
Muskat überstreuen

Honey Peach

1 reifen geschnitzelten Pfirsich in
die Sektschale geben, mit
3 dashes Peachbrandy beträufeln,
3 TL Orangenblütenhonig und
1 Cocktailmaß Weinbrand
zugeben. Mit Barlöffel servieren

Ladies Dream

1/2 Cocktailmaß Bénédictine
D.O.M.
1/2 Cocktailmaß Cordial Medoc
direkt ins Glas mit Eisschnee gießen und 1 EL frische Sahne darüber träufeln

Maryland Drink

3 Eiswürfel in einen tumbler
geben
1 EL Mandarinensaft
1 EL Ananassaft
2 EL Arrak
mit kaltem Ceylontee aufgießen
und mit Strohhalm servieren

Tenn Tonner

³/₄ Rye Whiskey
¹/₄ Grand Marnier
im shaker mit Eis schütteln, in
einen Sektkelch seihen und mit
Ginger Ale aufgießen

Fancy Oyster Cocktail

1 TL Zuckersirup
2 TL Batavia Arrak
¹/₂ Cocktailmaß Aquavit
1 dash Angostura
im shaker mit Eis schütteln, über
eine Zitronenscheibe im Cocktailglas seihen

Fancy Canning Cocktail

1 TL Zuckersirup
1 TL Kirschwasser
2 TL Maraschino
¹/₄ Curaçao weiß
²/₄ Rye Whiskey
1 dash Angostura
im shaker mit Eis schütteln und
über Zitronenscheibe im Glas seihen

Fancy Cordial

¹/₄ Wodka
³/₄ Cordial Campari
2 dashes Angostura
mit Eis im shaker schütteln, in ein

Crustaglas seihen und mit Strohhalm servieren

Far West Cocktail

¹/₃ Vermouth weiß
¹/₃ Advocaat
¹/₃ Weinbrand
2 dashes Angostura
im shaker mit Eis schütteln, abseihen und mit 1 Prise Zimt überstreuen

Fiat Cocktail

¹/₃ Vermouth weiß
¹/₃ Advocaat
1 TL Curaçao weiß
¹/₃ Batavia Arrak
1 dash Orangenbitter
im shaker mit Eis schütteln, abseihen und mit 1 Kirsche servieren

Fancy Ohio Cocktail

¹/₄ Vermouth rot
¹/₄ Bourbon Whiskey
¹/₂ Bénédictine D.O.M.
3 dashes Angostura
im shaker mit Eis schütteln, in
einen Sektkelch seihen. Mit kaltem Sekt auffüllen, mit Orangenschale abspritzen und mit Saughalm servieren

Twilight Collins

3 Eiswürfel in einen tumbler geben
1 TL Ingwersirup
1 TL Puderzucker
der Saft von 1 Zitrone
1 Cocktailmaß Gin
mit Ginger Ale aufgießen, mit
Maraschinokirsche garnieren und
mit Strohhalm servieren

BERÜHMTE COCKTAILS BERÜHMTER LEUTE

Belafonte's
van Vleet Cocktail

$3/_5$ weißer Rum
$1/_5$ Maplesirup
$1/_5$ Zitronensaft
im shaker mit Eis schütteln, in
einen tumbler seihen und noch
Eis nachgeben

Kim Hunter's
Rainbow old Fashioned

5 TL Zuckersirup
2 dashes Angostura
1 TL Maraschino
1 TL Cherry Brandy
1 Cocktailmaß Rye Whiskey
nacheinander über Eiswürfel in
einen tumbler geben und mit
einer Orangenschale dekorieren

Bob Hope's
Rye Limonade

1 Cocktailmaß Rye Whiskey
in ein eisgekühltes Crustaglas mit
Zitronenzuckerrand geben
2 Eiswürfel
und mit Limonade aus Zitronensaft und Selters auffüllen

Jayne Mansfield's
Sweety Cocktail

$2/_3$ Cognac
$1/_3$ Barbados Rum
1 TL Schlagrahm
$1/_2$ TL Zucker
2 dashes Vanilleextrakt

im shaker stark schütteln und ins
Cocktailglas seihen

Garry Moore's
Scotch Milk

$1/_4$ Scotch Whisky
$3/_4$ Milch
mit etwas Zucker im shaker mit
Eis schnell schütteln, in Highball-
gläser füllen und mit etwas Muskatnuß überstreuen und mit
Strohhalm servieren

Benny Goodman's
Admiral Cocktail

$1/_3$ Bourbon Whiskey
$2/_3$ trockener, weißer Vermouth
1 Schuß Zitronensaft
im shaker mit Eiswürfeln schütteln, in einen kleinen tumbler abseihen und mit einem Zitronenschnitz servieren

David Niven's
Papaya Cocktail

$2/_3$ Papayajuice
$1/_3$ trockener Sherry
im shaker mit Eis schütteln, ins
Cocktailglas seihen

Doris Day's
Maracuja Cocktail

$1/_2$ weißer Rum
$1/_3$ Maracujasaft (Brasilien)
$1/_6$ Sodawasser
im shaker mit Eis kurz schütteln,
ins Cocktailglas seihen

Duke Ellington's
Oba Cocktail

$^1/_3$ Tomatensaft
$^1/_3$ Zitronensaft
$^1/_8$ Korn
im shaker mit Eis schütteln, ins
Cocktailglas abseihen und mit
Salz und Pfeffer würzen

Judy Holliday's
White Lady

$^3/_5$ Dry Gin
$^1/_5$ Cointreau
$^1/_5$ Grapefruitjuice
in ein eiskühles Cocktailglas
geben

Bing Crosby's
Kailua Cocktail

$^3/_7$ dunkler Porto Rico Rum
$^2/_7$ Ananasjuice
$^1/_7$ Zitronensaft
$^1/_7$ Grenadine
im shaker mit Eis schütteln und
im Punschglas servieren

Sinclair Lewis'
Arrowsmith Punsch

$^1/_4$ l Zitronensaft
$^1/_4$ l Zuckerlösung
$^3/_8$ l Weinbrand
$^1/_8$ l Peach Brandy
$^1/_8$ l Jamaica Rum
$1^1/_4$ l Selterswasser
im Bowlengefäß mischen und in
Punschgläsern mit etwas Eis servieren

Juliette Greco's
Pick me up Cocktail

$^2/_3$ Milch

$^1/_3$ Marc
1 TL geriebene Paranüsse
1 TL Zuckersirup
1 Eigelb
1 Prise abgeriebene Zitronenschale
im shaker mit Eis kräftig schütteln und in eine Cocktailschale
gießen

Jane Fonda's
Mango Cocktail

1 TL Zuckersirup
$^1/_4$ Orangensaft
$^1/_2$ Milch
$^1/_4$ Wodka
2 dashes Rum
einige Scheiben Mangofrüchte in
Sirup im shaker mit trockenem
Eis schütteln, in eine Sektschale
mit einigen Scheiben Mango-
früchten in Sirup seihen

Ernest Hemingway's
Death in the Afternoon Cocktail

1 Cocktailglas Pernod
in einen Sektkelch geben und mit
geeistem Champagner auffüllen.
Trinken Sie drei bis fünf davon
langsam

Belmondo's
Fudjisan Cocktail

1 Cocktailmaß Sake
  (japanischer Reiswein)
in einen tumbler mit Eiswürfeln
geben, mit Coca Cola auffüllen
und mit einer Zitronenzeste servieren

**Frank Scully's
Fun in Bed Cocktail**

$1/2$ Traubensaft
$1/2$ Calvados
im shaker mit Eis schütteln, ins
Cocktailglas abseihen

**Josephine Baker's
Mexico Cocktail**

$1/3$ Papayasaft
$1/3$ Sahne
$1/3$ dunkler Portwein
2 Stunden in den Kühlschrank
geben, dann im shaker schütteln
und in Cocktailgläser gießen

**Walt Disney's
Before Dinner Cocktail**

$1/4$ Gilberts Gin
$1/4$ Bitter Campari
$1/2$ Cinzano
im Mixglas mit Eis rühren und
ins Cocktailglas seihen

**King Cole's
Alabama Cocktail**

$9/10$ Straight Whiskey
1 dash Peychaud Bitters
1 dash Angosturabitter
1 dash Orangenblütenwasser
1 TL Zuckersirup
6 Tropfen Pernod

**Brigitte Bardot's
Bira Puera**

$1/2$ Cherry Brandy
$1/2$ Martinique Rum Negrita

im shaker mit Eis schütteln, in ein
Limonadenglas füllen und mit
Coca Cola auffüllen

**Guy Lombardo's
Souped up Gibson Cocktail**

$4/5$ dry Gin
$1/5$ dry Vermouth
über 6 Perlzwiebeln ins geeiste
Cocktailglas geben

**James Mason's
Burn's Cocktail**

$2/3$ Medford Rum
$1/3$ Zitronensaft
1 dash Maplesirup
im shaker mit Eis schütteln, ins
Cocktailglas abseihen

**Suzi Wong's
Hongkong Cocktail**

$3/5$ japanischer Reiswein Sake
$2/5$ Ananassaft
1 Schuß Gin
im shaker mit Eis kurz schütteln,
ins Cocktailglas mit einer Zitronenspirale geben

**Frank Sinatra's
Planters Punsch**

$1/8$ Zitronensaft
$1/8$ brauner Zucker
$3/8$ Jamaica Rum
$3/8$ Wasser
im Mixglas mit Eis rühren und
in einen tumbler abseihen

Liz Taylor's
Morning Glory Cocktail

$^1/_2$ Cointreau
$^1/_2$ Cherry Brandy
1 dash Angostura
3 bis 4 Orangen- und Ananasstücke
in eine Sektschale geben und mit
Sekt auffüllen

Peron's
Aspecting Cocktails

$^1/_4$ Portwein rot
$^3/_4$ Vermouth rot
3 dashes Angostura
1 Schuß Maraschino
im shaker mit Eis schütteln und
ins Cocktailglas seihen

Rosita Serrano's
Sao Paulo Coffee

1 Likörglas Marc
1 Tasse Mokka
1 TL Zucker
1 Eiweiß
im shaker mit Eis lange schütteln
und ins Cocktailglas seihen

Anthony Quinn's
Cornet Cocktail

$^2/_3$ dry Gin
$^1/_3$ trockenen, dunklen Portwein
im Mixglas mit Eis rühren, ins
Cocktailglas seihen und mit einer
Cumquat (Zwergorange) servieren

Sukarno's
Djakarta Cocktail

1 Cocktailglas Reisbranntwein
Sheung Tsing über 2 Eiswürfel in
eine Sektschale geben und mit
Ginger Ale auffüllen

Mike Todd's
For 80 Days Cocktail

$^2/_3$ Sake
$^1/_6$ weißen Rum
$^1/_6$ Zitronensaft
1 TL Zuckersirup
im shaker mit Eis schütteln und
ins Cocktailglas seihen

Nancy Berg's
Wodka Iceberg

1 Cocktailmaß Wodka on the
rocks in einen tumbler geben
und 2 dashes Pernod

Peppino di Capri's
Napoli Cocktail

$^1/_2$ dry Gin
$^1/_2$ Pernod
1 dash Grenadine
nacheinander in den tumbler
über Eiswürfel geben

Königin Sirikit's
Pinga Cocktail

$^1/_3$ Milch
$^1/_3$ Cocosmilch
$^1/_3$ Arrak
eine halbe zerkleinerte Banane im
shaker mit Eis fest schütteln und
alles in einen tumbler gießen

Lilli Palmer's Punsch

1/3 Peach Brandy
1/3 Cherry
1/3 Grenadine
im shaker mit Eis schütteln, 5
Minuten ruhen lassen, ins Cocktailglas abseihen

Marlon Brando's Puebla Flip

3/4 Tequila
1/8 Kakaolikör
1/8 Rum Negrita
1/2 TL Vanillesirup
1 Eigelb
im shaker stark schütteln, ins
Cocktailglas seihen und mit Zimt
überstäuben

Jean Gabin's Farmers Champagne

1/4 Ananassaft
1/8 Zitronensaft
1/8 Cointreau
1/4 Armagnac
1/4 Sherry dry
im shaker mit Eis schütteln, in

eine Sektschale seihen und mit
Sekt aufgießen

Tony Perkin's Athenian Cocktail

1/4 Cognac Royal Metaxas
1/4 Mavrodaphne Achais
1/2 Vermouth
1 TL American Pecanbitters
im Mixglas verrühren und ins
Cocktailglas abseihen

Merlina Mercuri's Hermes Cocktail

1/2 Maraschino
1/2 Cognac Royal Metaxas
1 TL Lemonjuice
im shaker mit Eis schütteln und
ins Cocktailglas abseihen

Jesse Owen's Olympia Cocktail

1/2 Maraschino
1/2 Clauss Vermouth
1/2 TL Pecanbitters
1 TL Imperial Mavrodaphne
im Mixglas verrühren und ins
Cocktailglas abseihen

MEISTERCOCKTAILS VON MEISTERMIXERN

Atta Boy

(Harry Craddock, Savoy Hotel,
London)
2/3 dry Gin
1/3 Noilly Prat
4 dashes Grenadine
im Mixglas mit Eis rühren, ins
Cocktailglas seihen

Dancing Pat

(R.D.Frost, 3. Preis 1951, London)
1/4 Orangensaft
1/4 weißer Rum
1/4 Vermouth Chambéry
1/4 Grand Marnier
im shaker mit Eis schütteln und
ins Cocktailglas seihen

Bamboo Cocktail

(Charlie Nahoney,
Hoffmann House, New York)
$^1/_2$ Sherry
$^1/_2$ Vermouth Chambéry
1 dash Orangenbitter
im Mixglas mit Eis rühren, ins
Cocktailglas seihen und mit
1 Kirsche servieren

Cicero

(Toni Stadelbader,
1. Preis 1954 in Wien)
$^1/_2$ Vermouth Cinzano dry
$^1/_3$ Drambui
$^1/_6$ Orangensaft
im shaker mit Eis schütteln, in
eine Sektschale seihen und mit
demi sec Sekt aufgießen

Pall Mall Cocktail

(Guido, Café de Paris,
Monte Carlo)
1 TL Creme de Menthe Bols
$^1/_3$ Vermouth Rosso Cinzano
$^1/_3$ Noilly Prat Vermouth
$^1/_3$ Gordon's dry Gin
1 dash Orangenbitter
im Mixglas mit Eis rühren und
in ein Cocktailglas seihen

Big Bell

(Conrad Rosenow, Regina Bar,
München)
$^2/_3$ Weinbrand Asbach Uralt
$^1/_3$ Cinzano rot
1 TL Cherry Brandy
3 dashes Kirschwasser
im Mixglas mit Eis rühren und
mit 1 Kirsche und Zitronenspirale
garnieren

Southexpress

(Conrad Rosenow, Regina Bar,
München)
$^1/_3$ Kirschwasser
$^1/_3$ Noilly Prat
$^1/_3$ Cinzano rot
im Mixglas mit Eis rühren und
ins Cocktailglas seihen

Tunnel Cocktail

(Bob Cord,
Harry's New York Bar, Paris)
$^1/_3$ dry Gin
$^1/_3$ Campari
$^1/_6$ Cinzano rot
$^1/_6$ Cinzano weiß
im shaker mit Eis schütteln, ins
Cocktailglas seihen und mit
1 Orangenschale abspritzen

Chocolate Soldier

(P. J. Cook,
1. Preis 1949 in Torquay)
$^1/_3$ Cognac Martell
$^1/_3$ Vermouth Noilly Prat
$^1/_3$ Creme de Cacao
2 dashes Orangenbitter
im Mixglas mit Eis rühren und
ins Cocktailglas seihen

Side Car

(Mac Garry, Buck's Club
in London)
$^2/_5$ Armagnac
$^2/_5$ Cointreau
$^1/_5$ Zitronensaft
im shaker mit Eis stark schütteln
und in ein Cocktailglas seihen

Claridge Cocktail

(Leon, Claridge Hotel, Paris)
$1/_3$ Vermouth Chambéry
$1/_3$ Gilbey's Gin
$1/_6$ Apricot Brandy
$1/_6$ Cointreau
im shaker mit Eis schütteln und
ins Cocktailglas seihen

Light Rose Cocktail

(Johnny, Chatham Bar, Paris)
$2/_3$ Noilly Prat
$1/_6$ Kirschwasser
$1/_6$ Himbeersaft
im Mixglas mit Eis rühren und
in ein Cocktailglas seihen

Caruso Cocktail

(I. W. Thomas, Drivers Bar,
Washington)
$1/_3$ Gordon's dry Gin
$1/_3$ Dubonnet
$1/_3$ Vermouth Napoléon
im Mixglas mit Eis rühren und
ins Cocktailglas seihen

Sonny Boy

(F. Strobl,
1. Preis 1930 in London)
$1/_2$ Creme d'Orange
$1/_2$ Peach Brandy
2 dashes Angostura
im Mixglas mit Eis rühren, in
eine Sektschale seihen und mit
Sekt auffüllen

Balalaica Cocktail

(K. Davis,
1. Preis in Dublin 1952)
$1/_8$ Orangensaft
$1/_8$ Zitronensaft
$1/_4$ Cointreau
$1/_2$ Smirnoff Wodka
im shaker mit Eis schütteln und
ins Cocktailglas seihen

Racquet Club

(Harry Craddock, Savoy Bar,
London)
$2/_3$ dry Gin
$1/_3$ Noilly Prat
6 dashes Curaçao
2 dashes Cinzano rosso
im Mixglas mit Eis rühren und
abseihen

Alaska Cocktail

(Wayne, Hongkong Press Club
Bar)
$4/_5$ dry Gin
$1/_5$ Chartreuse gelb
2 dashes Orangenbitter
im Mixglas mit Eis rühren und
ins Cocktailglas seihen

Partywhisper

(F. W. Lender,
2. Preis in Hamburg 1952)
2 dashes Peachbitter
$1/_6$ Apricot Brandy
$1/_6$ Siegerts Gold Label Rum
$1/_6$ Cointreau
$1/_6$ Grenadine
$1/_6$ Cusenier Orange
im shaker mit Eis schütteln und
in ein Glas mit Crustarand seihen

Chiccarney Cocktail

(H. E. Rees,
1. Preis auf den Bahamas 1941)
$^2/_5$ Bacardi Rum
$^2/_5$ Zitronensaft
$^1/_5$ Apricot Brandy
1 TL Honig
im shaker mit Eis stark schütteln,
in ein geeistes Cocktailglas seihen

Formosa Blossom Cocktail

(Billy Hughes, Chinatown Bar,
San Franzisko)
1 TL Zitronensaft
$^1/_2$ Bacardi Rum
$^1/_3$ Lycheesirup
$^1/_6$ Ananassaft
im shaker mit Eis stark schütteln
und in ein Cocktailglas mit einigen Lychees seihen

Papagna Cocktail

(Billy Hughes,
Philippines Pressclubbar Manila)
$^1/_8$ weißer Rum
$^1/_8$ Wodka
$^1/_4$ Papayasaft
$^1/_8$ Ananassaft
$^1/_8$ Grapefruitsaft
im shaker mit Eis schütteln und
in ein Cocktailglas seihen

Basso Cocktail

(Albert Basso Bar, Marseille)
$^1/_3$ Seagers Dry Gin
$^1/_2$ Vermouth rosso
$^1/_6$ Campari Bitter
1 dash Curaçao
in ein Cocktailglas füllen und mit
einer Zitronenzeste garnieren

Arcadian Cocktail

(Jack Bushby, Le Lido, Paris)
$^1/_3$ Seagrams V.O. Rye Whiskey
$^1/_3$ Cinzano rosso
$^1/_3$ Campari Bitter
im Mixglas mit Eis rühren, ins
Cocktailglas seihen und mit einer
Zitronenzeste garnieren

Bas in Hyve Cocktail

(Ernesto, King David Hotel
in New Jerusalem)
$^9/_{10}$ Weinbrand
1 TL Honig
1 TL Zitronensaft
im shaker mit Eis gut schütteln,
ins Cocktailglas abseihen

Pisco Porsh

(Nicols, North Beach Bar,
San Franzisko)
$^1/_2$ Pisco Brandy (oder Marc)
$^1/_2$ Ananassaft
1 Schuß Zitronensaft
im shaker mit Eis schütteln und
in einen tumbler geben, ein Stück
Ananas dazu, mit Selters aufsprit-
zen und dann einen TL weißen
Rum daraufgeben

Bossom Caresser Cocktail

(Bill, Great Eastern Hotel,
Kalkutta)
$^2/_3$ Remy Martin
$^1/_3$ Curaçao
1 TL Grenadine
1 frisches Eigelb
im shaker mit Eis lange schütteln,
ins Cocktailglas seihen

Wondernight Cocktail

(J. G. Bax, 1. Preis in Amsterdam 1959)
$^1/_3$ Lamplighter Gin
$^1/_3$ Curaçao
$^1/_3$ Creme de Mandarine
2 dashes Curaçao grün
im Mixglas mit Eis rühren und in ein Cocktailglas seihen

Gin and Onions Cocktail

(Lal, Delhi Gymkhana Club)
1 TL geteilte Perlzwiebeln
1 TL Zwiebelsaft
$^9/_{10}$ dry Gin
$^1/_{10}$ Sodawasser
ins Cocktailglas seihen

Black and White Cocktail

(O. Luminari, 1. Preis in Turin 1951)
$^1/_4$ flüssige Nestle-Schokolade
$^1/_4$ Hennessy
im shaker mit Eis schütteln, in ein Cocktailglas seihen
$^1/_4$ Curaçao und dann
$^1/_4$ frische Sahne darüber

Tequila Caliente

(Tia Juana Cassino in Mexiko)
$^4/_5$ Tequila
$^1/_5$ Limejuice und eine halbe Schale
2 dashes Grenadine
2 TL Creme de Cassis
in einen tumbler mit viel Eis geben, verrühren und mit Selters aufspritzen

Asbach Cocktail

(P. Rodewald, 1. Preis Rüdesheim 1952)
2 dash Orangenbitter
$^1/_3$ Grand Marnier
$^2/_3$ Asbach Uralt
im Mixglas mit Eis rühren, ins Cocktailglas seihen und mit 1 Stück Ananas servieren

Marie la Douce

(K. H. Williams, 1. Preis in Baden-Baden 1964)
In die vorgekühlte Sektschale kommt $^1/_2$ geschälter Pfirsich, dessen Rücken mit einem Holzstäbchen eingepickt wird. Einige Tropfen Asbach Uralt einziehen lassen, 1$^1/_2$ dash Peachbrandy Marie Brizard, 3 dashes Curaçao Triple sec Marie Brizard darüberträufeln und mit eiskaltem Mumm extra dry Sekt auffüllen

Dolce Vita Cocktail

(H. W. Brüsemeister, 1. Marie-Brizard-Preis 1964, Oldtimers Club Düsseldorf)
$^2/_5$ Calvados Père Magloire
$^2/_5$ Peach Brandy Marie Brizard
$^1/_5$ Zitronensaft
im shaker mit Eis schütteln und in ein Cocktailglas seihen

Bitter Fountain

(L. Kirschniok, Lamplighter Gin
Preis 1964, AFN-Club Frankfurt)
$^3/_5$ Van der Hum
$^1/_5$ Lamplighter Gin
$^1/_5$ Zitronensaft
1 TL Zucker
im Mixglas mit Eis rühren und
in einem Old-Fashioned-Glas mit
Eis und Zitronenscheibe
servieren

Habitant Cocktail

(aus Jacks Bar
im Chateau Frontenach in Quebec)
$^3/_5$ Bisquit Cognac
$^1/_5$ Zitronensaft
$^1/_5$ Maplesirup
im shaker mit Eis schütteln, in
ein Cocktailglas seihen und mit
1 Kirsche dekorieren

Topper Cocktail

(aus Windson's Theatergrill
in Toronto)
Im Elektromixer werden 1 Kugel
Vanilleeiscreme mit 1 Schuß Creme de Menthe grün Cusenier und
1 Cocktailmaß Cognac Cusenier
kurz verquirlt und in ein eisgekühltes Champagnerglas gegeben

Broadmoor Cooler

(von Mike aus dem Broadmoor
Hotel in Colorado Springs)
$^3/_4$ weißer Rum
$^1/_4$ Zitronensaft
1 TL Limejuice

1 dash Creme de Menthe
  Marie Brizard
über Eis in ein Limonadenglas
geben und mit Seven-up (Fanta)
aufgießen, mit 1 Stück Zitronenschale und Minzezweiglein dekorieren und mit Strohhalm servieren

Danae Cocktail

(von Panos aus dem King George
Hotel in Athen)
$^1/_2$ Jamaica Rum
$^1/_2$ Vermouth Clauss Achais
1 TL Peconbitters
im Mixglas mit Eis rühren und
ins Cocktailglas seihen

Banana Punch

(von Chasen's Bar in Beverly
Hills)
$^9/_{10}$ Wodka
$^1/_{10}$ Barack Pàlinka
3 TL Limejuice
im shaker mit Eis schütteln, in
ein Limonadenglas füllen, mit
Soda aufgießen und mit einem
Minzezweig dekorieren

Copenhagen Special Cocktail

(Copenhagen Restaurant,
New York)
$^1/_3$ Aquavit
$^1/_3$ Schwedenpunsch
$^1/_3$ Zitronensaft
im shaker mit viel Eis schütteln
und in ein gekühltes Cocktailglas
füllen

Prado Cocktail

(von Pedro aus dem Del Prado
Hotel in Mexico City)
$^2/_3$ Tequila
$^1/_6$ Zitronensaft
$^1/_6$ Maraschino
$^1/_3$ Eiweiß
1 dash Grenadine
im shaker mit Eis stark schütteln,
in ein Trinkglas seihen und mit
Zitronenschnitz und Kirsche ser-
vieren

Canadian Cocktail

(Hilton, Windsor Hotel,
Montreal)
$^1/_2$ Rye Whiskey
$^1/_4$ Maplesirup
$^1/_4$ Zitronensaft
im shaker mit Eis schütteln, ins
Cocktailglas seihen und mit 1 Ma-
raschinokirsche servieren

PREISGEKRÖNTE COCKTAILS BERÜHMTER WELTMARKEN

Half on Half

$^1/_2$ Half on Half
$^1/_2$ Wodka
im Mixglas mit Eis rühren, ins
Cocktailglas seihen und mit
1 Cumquat servieren

Lemon Hart Cola

1 Cocktailmaß Lemon Hart Rum
in einen tumbler mit Eis, Ananasstücke hineingeben, mit Coca
Cola aufgießen und mit 1 Orangenschale abspritzen

Acht Glasen

$^1/_2$ Lemon Hart Rum
$^1/_6$ Van der Hum
$^1/_6$ Vermouth dry
$^1/_6$ Orangensaft

im shaker mit Eis schütteln, ins
Cocktailglas seihen und mit
1 Kirsche servieren

Gin Buck

$^3/_4$ Gin dry (Canada Dry)
$^1/_4$ Limejuice
im shaker mit Eis schütteln, in
einen tumbler seihen, mit Ginger
Ale aufgießen und mit Strohhalm servieren

Spur Tonic

$^3/_4$ Bourbon Whiskey
$^1/_4$ Zitronensaft
1 dash Angostura
im shaker mit Eis schütteln, in
einen tumbler seihen und mit
$^1/_3$ Ginger Ale, $^1/_2$ Spur Cola
aufgießen

Enrico Cocktail

1/3 Rye Whiskey
1/3 Wodka
1/3 Vermouth dry
1 dash Pernod
im Mixglas mit Eis rühren, in
ein Aperitifglas seihen und mit
Ginger Ale aufgießen

Branca Casino

1 Schuß Fernet Branca
1 TL Zucker
Saft 1 ganzen Zitrone
1/2 Cocktailmaß Whiskey
　　Crabbie
1/2 Branca Vermouth
im shaker mit Eis schütteln, in
eine Sektschale abseihen, mit
Selters aufspritzen, mit 1 Kirsche
garnieren, mit 1 Zitronenzeste
abspritzen und mit Strohhalm
servieren

Branca Derby Club

1 dash Fernet Branca
1/2 Kirschwasser
1/2 Vermouth dry
im Mixglas mit Eis rühren, ins
Cocktailglas seihen, mit Zitrone
abspritzen und mit 1 Olive im
Glas servieren

Fernet Branca Digestif

1/3 Fernet Branca
1/3 Creme de Menthe Bols
1/3 Jacobi 1880 Weinbrand
im Cocktailglas leicht verrühren

Blue Monday

1/2 Wodka
1/4 Blue Curaçao Bols
1/4 Bols Curaçao Triple sec
im Mixglas mit Eis rühren, ins
Cocktailglas seihen und mit
1 Cumquat servieren

Gilbey's Cocktail

3/4 Gilbey's Whiskey
1/4 Cinzano rosso
2 dash Angostura
1 dash Grenadine
1/2 TL Zitronensaft
im shaker mit Eis schütteln und
ins Cocktailglas seihen

Verpoorten Negro

2 Likörgläser Advocaat
1 Mokkalöffel Nescafé
1 Schuß Kalhua
im Cocktailglas verrühren und
mit einem Barlöffel servieren

Verpoorten Banana

2 Likörgläser Advocaat
1 geschälte, geschnittene Banane
1/4 l Milch
im Mixer pürieren und ins eisgekühlte Sektglas füllen, mit Barlöffel servieren

Strawberry Kiss

wie **Verpoorten Banana**, aber an-
statt Banane 5 reife Erdbeeren

Verpoorten Peach

2 Likörgläser Advocaat
2 dashes Peachbitter
2 halbe geschälte Pfirsiche
$^1/_8$ l Sahne
$^1/_8$ l Milch
im Mixer pürieren und ins eisgekühlte Sektglas füllen, mit Barlöffel servieren

Negrita Bishop

(für 8 bis 10 Personen)
2 Scheiben Ananas
2 aufgeschnittene Orangen
2 aufgeschnittene Zitronen
1 TL Zucker
1 Prise Nelkenpuder
$^1/_4$ l Negrita Rum
im Kühlschrank zugedeckt
2 Stunden ziehen lassen, danach
1 Flasche Graves Weißwein dazugeben und 1 Flasche Selterswasser, in Bowlengläser
verteilen

Fabula Cocktail

2 Cocktailmaß Sahne
1 Cocktailmaß Portwein
$^1/_2$ Flasche Canada Dry Fabula
für 1 Stunde in den Kühlschrank
geben und erst dann im shaker
schütteln, in einer Sektschale servieren

Dear Philipp Cocktail

$^2/_3$ Irish Whiskey
$^1/_3$ Mesimarja Brombeerlikör
2 TL Zitronensaft
1 TL Honig
im shaker mit Eis schütteln, in
einen tumbler gießen, mit Coca
Cola auffüllen und mit Strohhalm servieren

Fast Jockey

1 Vanilleeiskugel
$^1/_3$ Marsala
$^1/_2$ würziger Weißwein
im Elektromixer verquirlen, in
einen Sektkelch gießen, mit Coca
Cola auffüllen und mit Barlöffel
und Strohhalm servieren

Heliodor Cocktail

2 Kugeln Schokoladeneis mit
2 Likörglas Portwein und
2 dashes Kalhua
im Elektromixer kurz quirlen, in
einen Sektkelch gießen, mit Coca
Cola auffüllen und mit einem
Strohhalm und Barlöffel
servieren

DIE AROUND THE WORLD WODKA-COCKTAILS DES GRAFEN KEGLEVICH

Futschou Cocktail

$^1/_2$ Wodka
$^1/_4$ Stock Brandy
$^1/_4$ Cumquatsirup
im shaker mit Eis schütteln, in eine Sektschale seihen, mit einer Cumquat garnieren und mit Sekt auffüllen

Davao Cocktail

$^1/_2$ Wodka
$^1/_3$ Cocosmilch
$^1/_6$ Arrak
1 TL Sherry
1 dash Vanillesirup
1 dash Persico
im shaker mit Eis schütteln, ins geeiste Glas gießen und mit etwas Cocosraspel überstreuen

Durban Cocktail

$^1/_2$ Wodka
$^1/_4$ Arrak
$^1/_4$ Guavasirup
im shaker mit Eis schütteln, ins Cocktailglas seihen, mit einem Stück Guava servieren

Manitoba Cocktail

$^2/_3$ Wodka
$^1/_3$ Calvados
2 TL Maplesirup
im shaker mit Eis schütteln, in eine Sektschale seihen und mit Sekt aufgießen

Matamoras Cocktail

$^1/_2$ Wodka
$^1/_4$ Papayasirup
$^1/_4$ Stock Vermouth rosso
im shaker mit Eis schütteln, in Sektschale seihen, mit 1 Papayastück garnieren, mit Sekt auffüllen

Mandalay Cocktail

$^2/_3$ Wodka
$^1/_3$ Mangosirup
2 dashes Grenadine
im shaker mit Eis schütteln, ins Cocktailglas seihen und mit einem Stück Mango in Sirup servieren

Cholom Cocktail

$^2/_3$ Wodka
$^1/_6$ Ingwersirup
$^1/_6$ Sherry
im shaker mit Eis schütteln, ins Cocktailglas seihen und mit einem Stück kandierten Ingwer garnieren

Taiwan

$^2/_3$ Wodka
$^1/_6$ Mandarinensaft
$^1/_6$ Van der Hum
1 dash Orangenbitter
im shaker mit Eis schütteln, ins Sektglas seihen, mit Mandarinenstückchen garnieren, mit halb Orangensaft und halb Sekt aufgießen

Hokaido Cocktail

$^1/_3$ Wodka
$^1/_3$ Lotosnüssesirup
$^1/_3$ Sake
1 TL Ananassaft
im shaker mit Eis schütteln, ins Cocktailglas seihen und mit ein paar Lotosnüssen garnieren

Kuusamo Cocktail

$^2/_3$ Wodka
$^1/_3$ Mesimarja Likör
im Mixglas mit Eis verrühren, ins Cocktailglas seihen und mit einer Boisen- oder Brombeere garnieren

Mäander Cocktail

$^2/_5$ Wodka
$^1/_5$ Arrak
$^1/_5$ Rosenblättersirup

$^1/_5$ Persico (Mandelmilch)
im shaker schütteln, abseihen und mit 1 kandierten Rosenblatt garnieren

China Dream Cocktail

$^1/_2$ Wodka
$^1/_2$ Lycheesirup
1 TL Grenadine
im shaker mit Eis schütteln, ins Cocktailglas geben, mit ein paar Lychees garnieren und mit Sekt aufgießen

Sorrento Cocktail

$^2/_3$ Wodka
$^1/_6$ Creme de Noyeau
$^1/_6$ Maraschino
im Mixglas verrühren, ins geeiste Cocktailglas füllen und mit einer eingelegten Walnuß servieren

NEUE PREISCOCKTAILS

Asbach Clou

$^1/_2$ Asbach Uralt
$^1/_2$ Grand Marnier
1 dash Zitronensaft
im shaker mit Eis schütteln, in eine Sektschale seihen, dazu 1 Scheibe Ananas, 1 Scheibe Orange und 1 Maraschinokirsche, mit Orangenscheiben abspritzen und mit Strohhalm servieren

Asbach Cocktail

$^3/_5$ Asbach Uralt
$^1/_5$ Marie Brizard Blackberry

$^1/_5$ Oyster Dry Sherry
1 Spritzer Zitrone
1 dash Orangenbitter
im shaker mit Eis schütteln, abseihen

Felix Cotto

$^1/_3$ Dubonnet
$^1/_3$ Sherry dry
$^1/_3$ Wodka
im Mixglas mit Eis rühren, abseihen, mit Zitronenschale abspritzen und mit 1 Zitronenspirale servieren

Cinzano Auto Long Drink

$^1/_3$ Zitronensaft
$^1/_3$ Grapefruitsaft
$^1/_3$ Cinzano dry
1 dash Angostura
2 dashes Orangenbitter
im shaker mit Eis schütteln, abseihen und mit 1 Zitronenzeste
servieren

Peterle

$^1/_2$ Schwarzer Kater
$^1/_4$ Wodka
$^1/_4$ Dubonnet
im Mixglas mit Eis rühren, ins
Cocktailglas seihen, mit Orangenspirale abspritzen und diese
einlegen

Flying Black Cat

1 Likörglas Schwarzer Kater
1 Likörglas Zitronensaft
1 Likörglas Wodka
1 Likörglas Cointreau
1 TL Angosturabitter
im Mixglas mit Eis rühren, in
eine große Sektschale seihen, mit
Sekt auffüllen, mit einer Orangenscheibe, einer Kirsche und
einem Strohhalm servieren

Mary Rose

$^1/_2$ Cocktailmaß Schwarzer Kater
$^1/_4$ Noilly Prat
$^1/_4$ Williamsbirne
im shaker mit Eis kurz, aber kräftig schütteln, in eine Sektschale
seihen, mit Sekt auffüllen, mit
$^1/_2$ Orangenscheibe, 1 Stück Ananas und 1 Strohhalm servieren

Schampus Kitty

$^1/_2$ Cocktailmaß Schwarzer Kater
$^1/_6$ Campari
$^1/_6$ Vermouth dry Cinzano
$^1/_6$ Gin
im Mixglas mit Eis rühren, in
Sektschale seihen, mit Sekt auf-
füllen und mit 1 Scheibe Zitrone
und einem Strohhalm servieren

Firebird

$^2/_3$ Kroatzbeere
$^1/_3$ Wodka
1 dash Whisky
im shaker mit Eis schütteln, in
Sektschale mit Zitronencrusta-
rand seihen, mit Sekt auffüllen
und mit verschiedenen Früchten
servieren

Fair Lady

$^2/_5$ Kroatzbeere
$^2/_5$ Cointreau
$^1/_5$ Zitronensaft
im shaker mit Eis schütteln, in
Sektschale seihen und mit Sekt
auffüllen, mit Strohhalm servieren

Flamingo 21

$^2/_5$ Kroatzbeere
$^2/_5$ Weinbrand
$^1/_{10}$ Zitronensaft
$^1/_{10}$ Orangensaft
im shaker mit Eis schütteln, in
eine Sektschale seihen, mit Sekt
auffüllen und mit 1 Orangenscheibe und Strohhalm servieren

Flying Scotchman

$^1/_2$ Whisky Johnnie Walker
$^1/_2$ italienischer Vermouth rot
1 dash Angostura
1 dash Grenadine
im shaker mit Eis schütteln, ins
Cocktailglas seihen

Luna Rossa

$^1/_3$ dry Gin de Kuyper
$^1/_3$ Vieille Cure
$^1/_3$ Orangensaft
1 TL Grenadine
im shaker mit Eis schütteln, in
eine Sektschale seihen und mit
Sekt aufgießen

Charlies Champagner Cocktail

1 Stück Zucker mit Angostura
tränken, in eine mit Eis ausge-
schwenkte Sektschale geben, $^1/_3$
Cocktailmaß Canadian Whiskey,
$^1/_3$ Curaçao weiß, 1 Kirsche und
$^1/_2$ Scheibe Orange darübergeben
und mit Sekt auffüllen

Petite Fleur

$^1/_2$ Grapefruitjuice
$^1/_4$ Bardinet Rum weiß
$^1/_4$ Vieille Cure
im shaker mit Eis schütteln, in
Sektschale seihen, mit Sekt aufgießen, mit 1 Maraschinokirsche
und Strohhalm servieren

Prince H. De Polinac

$^1/_2$ Prince H. Polinac Cognac
$^1/_4$ Vieille Cure
$^1/_8$ Zitronensaft
$^1/_8$ Grenadine
im shaker mit Eis schütteln, ab-
seihen

Mary Lou

$^2/_3$ Cognac Prince H. Polinac
$^1/_3$ Portwein
1 dash Vieille Cure
im Mixer mit Eis rühren, in die
Sektschale seihen, mit Sekt auffüllen und mit 1 Kirsche, $^1/_2$
Orangenscheibe und 1 Strohhalm
servieren

Triangel

$^1/_3$ Johnnie Walker
$^1/_3$ Sherry Gomez
$^1/_3$ Vieille Cure
im Mixglas mit Eis mischen, in
Sektschale gießen, mit Sekt auffüllen und mit Strohhalm servieren

Negrita Dubonnet

$^1/_4$ Rum Negrita
$^3/_4$ Dubonnet
in einen tumbler on the rocks geben und mit 1 Zitronenzeste servieren

Exotic Cocktails

Heute kann man auch in unseren Delikatessen- und Spirituosen-
fachgeschäften Konserven exotischer Früchte und Sirups bekommen,
von denen manche die wundervollsten Cocktailkompositionen er-
lauben. Unter diesen idealen Voraussetzungen entstehen natürlich
immer neue exotische Cocktails.

Medelpad

$^1/_3$ Mesimarjalikör
$^1/_3$ Kroatzbeere
$^1/_3$ Enzian
im shaker mit Eis schütteln, abseihen und 1 Brombeere ins Glas

Rönnskär

$^1/_3$ Mesimarjalikör
$^1/_3$ Wodka
$^1/_3$ Enzian
im shaker mit Eis schütteln, abseihen und 1 Brombeere ins Glas

Sikea

$^1/_3$ Mesimarjalikör
$^1/_6$ Suze
$^1/_6$ Enzian
$^1/_3$ Wodka
im shaker mit Eis schütteln, ab-
seihen

Varikaus

2 TL Mesimarjalikör
$^1/_6$ Kroatzbeere
$^5/_6$ Wodka
im shaker mit Eis schütteln, abseihen und 1 Brombeere ins Glas

Abisco

$^1/_3$ Mesimarjalikör
$^1/_3$ Wodka
$^1/_3$ Enzian
im shaker mit Eis schütteln, abseihen und 1 Brombeere ins Glas

Kimberley

$^1/_6$ Maplesirup
$^1/_6$ Weinbrand
$^2/_3$ Gin
im shaker gut schütteln, abseihen und Guavastücke ins Glas

Mantung

$^2/_3$ Sheung Tsing (chinesischer
     Reisbranntwein)
$^1/_3$ Lotosnüssesirup
3 dashes Sherry
im shaker mit Eis gut schütteln,
abseihen und Lotosnüsse ins Glas

Zacatecas

1 Stück Papaya in vorher geeiste
   Sektschale legen
2 TL Papayasirup
3 dashes Weinbrand
3 dashes Peachbitter
3 dashes Apricot Brandy
und mit Sekt auffüllen

Brandon Crusta

$^1/_3$ Maplesirup
$^1/_3$ Rum
$^1/_6$ Zitronensaft
$^1/_6$ Ananassirup
im shaker mit Eis gut schütteln
und in das mit Zuckerrand und
Zitronenschale versehene Glas
seihen. Mit Barlöffel und Saughalm servieren

Fun in Bed

$^1/_2$ Traubensaft
$^1/_2$ Calvados
im shaker mit Eis gut schütteln,
abseihen und 1 Cumquat ins Glas

Yaku

$^2/_3$ Wodka
$^1/_3$ Armagnac
1 TL Cumquatsirup
im shaker mit Eis kurz schütteln,
abseihen und mit einer Cumquat
garnieren

Monterrey

1 TL Papayasirup
$^1/_4$ Sherry
$^3/_4$ Wodka
im shaker mit Eis kurz schütteln,
abseihen und ein Papayastück
ins Glas

Pacific Wind

3 dashes Sherry dry
$^1/_3$ Lotosnüssesirup
$^2/_3$ Tequila

im shaker mit Eis schütteln und
in ein geeistes Cocktailglas mit
3 Lotosnüssen abseihen

Tampico

In ein vorher geeistes Cocktailglas kommen
1 Würfel Papaya
2 dashes Peachbitter
$^1/_3$ Papayasirup
$^2/_3$ Tequila

Tequila Cooler

3 TL Zitronensaft
3 TL Cumquatsirup
1 TL Ingwersirup
1 Cocktailmaß Tequila
1 dash Orangenbitter
im shaker mit Eis schütteln, ins
Coolerglas geben und mit Ginger
Ale auffüllen

Kingsport Crusta

$^3/_4$ Kentucky Bourbon Whiskey
$^1/_8$ Cumquatsirup
$^1/_8$ Vermouth dry
im shaker mit Eis gut schütteln
und in das mit Zuckerrand und
Zitronenschale versehene Glas
seihen, mit Cumquats servieren

Wakayama

1 Lychee
1 Erdbeere
1 Maraschinokirsche
2 Schuß Kirschwasser
mit Champagner auffüllen

Paducah

$^1/_2$ Bourbon Whiskey
$^1/_6$ Cherry Brandy
$^1/_6$ Cumquatsirup
$^1/_6$ Kirschwasser
im shaker mit Eis schütteln, abseihen, Cumquats ins Glas und
mit Sekt auffüllen

Kyoto

$^2/_3$ Sake
$^1/_6$ Sherry
$^1/_6$ Orangensaft
im shaker mit Eis schütteln, abseihen und 1 Cumquat ins Glas

Kagoshima

$^1/_3$ Sake
$^1/_3$ Wodka
$^1/_6$ Arrak
$^1/_6$ Sherry
im Mixglas rühren

Choshi

$^2/_3$ Sheung Tsing (chinesischer
   Reisbranntwein)
$^1/_6$ Lycheesirup
$^1/_6$ Vermouth dry
im shaker mit Eis schütteln, ab-
seihen und 1 Lychee ins Glas

Hangtschou

$^1/_3$ Lycheesirup
$^1/_3$ Arrak
$^1/_3$ Sherry dry
im shaker mit Eis schütteln, in
die Sektschale mit 2 Lychees sei-

hen und mit Ginger Ale aufgießen

Weifang Aperitif

$^1/_3$ Sake
$^1/_3$ Vermouth dry
1 dash Angosturabitter
im Mixglas rühren und mit
1 Olive im Glas servieren

Campari News

$^1/_4$ Campari
$^1/_4$ italienischer Vermouth rot
$^1/_4$ italienischer Vermouth dry
$^1/_4$ Gin dry
1 Cumquat ins Glas

Aladins Pear

$^3/_4$ Williamsbirne
$^1/_4$ Williamslikör
1 Quittenstück in Sirup

Grahams Town

$^1/_3$ Guavasirup
$^1/_3$ Kirschwasser
2 dashes Bénédictine D.O.M.
$^1/_3$ Rahm
im shaker schütteln, abseihen und
ein Guavastück ins Glas

Anjang

1 dash Angostura
2 TL Cumquatsirup
$^1/_2$ Cocktailmaß Weinbrand
im shaker mit Eis schütteln, abseihen, 1 Cumquat in den Sektkelch und mit Sekt auffüllen

Orange River

$^1/_3$ Guavasirup
$^1/_3$ Gin
$^1/_3$ Calvados
im shaker mit Eis schütteln, abseihen, 1 Guavastück ins Glas
und mit Sekt auffüllen

Nagoya

$^1/_6$ Sherry dry
$^1/_6$ Maplesirup
$^2/_3$ Kirschwasser
im shaker mit Eis schütteln, abseihen und 1 Maraschinokirsche
ins Glas

Onomichi

$^1/_3$ Lycheesirup
$^1/_3$ Cherry Brandy
$^1/_3$ Kirschwasser
1 dash Chartreuse
im shaker mit Eis schütteln, abseihen, 1 Lychee ins Glas und mit
Sekt aufgießen

Numazu

$^1/_3$ Lycheesirup
$^2/_3$ Kirschwasser
1 dash Chartreuse
im shaker mit Eis schütteln, abseihen und 2 Lychees ins Glas

Durgan

$^1/_3$ Guavasirup
$^1/_3$ Kirschwasser
$^1/_3$ Rahm
1 dash Bénédictine D.O.M.
im shaker schütteln, abseihen
und Guavastücke ins Glas

Torreon

$^1/_3$ Kirschwasser
$^1/_3$ Papayasirup
$^1/_6$ Ananassaft
$^1/_6$ Maraschino
im shaker mit Eis schütteln, abseihen und 1 Maraschinokirsche
und 1 Stück Papaya ins Glas geben

Kivato

$^1/_3$ Maplesirup
$^2/_3$ Wodka
im shaker mit Eis schütteln, abseihen

Kaifeng

$^1/_4$ Lycheesirup
$^3/_4$ Wodka
1 dash Maraschino
1 dash Orangenbitter
im shaker mit Eis schütteln, abseihen und über 3 Lychees geben

Sinsjan

$^1/_3$ Portwein weiß
$^1/_3$ Cumquatsirup
$^1/_3$ Wodka
im shaker mit Eis schütteln, abseihen und über 1 Stück Cumquat
im Glas geben

Rosarito

$^1/_2$ Papayasirup
$^1/_2$ Sherry trocken
im shaker mit Eis schütteln,
abseihen und 1 Papayastück ins
Glas

Calima

¹/₃ Papayasirup
¹/₃ Portwein dry weiß
¹/₃ Wodka
1 dash Peachbitter
im shaker mit Eis schütteln, abseihen

Sudbury

¹/₃ Maplesirup
¹/₃ Armagnac
¹/₃ Calvados
1 dash Bénédictine D.O.M.
im shaker mit Eis schütteln, abseihen

Jalapa

¹/₆ Limejuice
¹/₃ Tequila
¹/₃ Papayasirup
im shaker mit Eis schütteln, abseihen

Ouotshoorn

1 dash Peachbitter
¹/₆ Pfirsichsirup
¹/₆ Peach Brandy
¹/₃ Barack
¹/₃ Weinbrand
im shaker mit Eis schütteln, abseihen

Klerksdorp

¹/₃ Guavasirup
¹/₃ Weinbrand
¹/₃ Wodka
im shaker mit Eis schütteln, abseihen

Yikosaka

¹/₃ Cumquatsirup
¹/₃ Armagnac
¹/₃ Gin
im shaker mit Eis schütteln, abseihen

Halguin

¹/₃ Rum
¹/₂ Ananassaft
1 TL Zuckersirup
im shaker mit Eis schütteln, abseihen

Gigl

¹/₆ Grenadinesirup
¹/₆ Maplesirup
¹/₃ Sherry dry
¹/₃ Gin
1 dash Angosturabitter
im shaker mit Eis schütteln, abseihen

FÜR DIE ABEND-,
TANZ- UND FASCHINGSPARTY

Und hier sind wir bei den sogenannten long drinks, Cocktails, die mehr als drei Schluck enthalten. Ihre wichtigste Gruppe sind die moussierenden wie *Champagner-Cocktails*, die *Fizzes*, *Collinses*, *Sours* und *Rickeys*. Sie sind die Favoriten unter den Abendparty- oder Ballgetränken. Drinks, die man auch nach Mitternacht noch zu sich nimmt, dürfen weder zu hart noch zu alkoholschwer sein. Sie sollen kühlen, erfrischen, beschwingen und bekömmlich sein, vor allem aber den Durst löschen.

Stellt man eine Party zusammen, dann sollte man eine große Auswahl bieten, ohne damit zum gefährlichen Durcheinandertrinken zu verleiten. Am besten reicht man zuerst Sekt-Cocktails in drei Abstufungen: trocken für die Herren, medium für die Damen und sweet für die Jugend. Alle diese Variationen sollen, wie das folgende Beispiel zeigt, von derselben Alkoholbasis ausgehen. Das erleichtert nicht nur den Einkauf der Spirituosen, sondern ermöglicht auch einen angenehmen Übergang zu den Mitternachts- und morning drinks, den *Fizzes*, *Collinses* und *Sours*.

CHAMPAGNER-COCKTAILS

Mit ihnen wird der Abend festlich. Sie sind lukullische drinks und die eigentlichen long Cocktails. Man kann sie zu allen Stunden des Tages zu sich nehmen. Freilich sind die mit Likören gemischten in der Zeit nach Tisch willkommen, während diejenigen mit Ei, die ›*pick me up*‹ am angenehmsten um Mitternacht oder im Morgengrauen zu trinken sind. *Champagner-Cocktails* enthalten im allgemeinen das Dreifache eines short drink. Die hochprozentigen Zutaten sollen aber nie mehr als ein Drittel, also das normale Cocktailmaß (50 ccm oder 2½ Likörgläser) ausmachen. Viele Rezepte schreiben auch nur ein Verhältnis von 1:6 oder 1:8 zwischen Mixtur und Sekt vor. Und dann bitte: Champagner-Cocktails nur in Sektschalen servieren, ein Strohhalm darf, ein Quirl soll nicht fehlen.

Ein Champagner- oder Sekt-Cocktail mit vielen Früchten zählt in der Barologie zu den *Cobblers*. Sie gehören zu den sommerlichen Festgetränken. Es gibt viele Arten von Champagner, Mousseux und Sekten: extrem herbe, säuerliche und süßliche wie Spumanti und Krimsekt. Und jede dieser Arten gibt es auch noch als Rosé und dunkelroten Typ. Cocktailnamen mit Rosé beziehungsweise Red weisen immer auf den entsprechenden Sekt hin, mit dem sie aufgegossen werden.

Champagner-Sekt-Cocktails

Fancy Ohio

$^1/_4$ Gancia Vermouth dry
$^1/_4$ Black Diamond Rye Whiskey
$^1/_2$ Bénédictine D.O.M.
3 dashes Angosturabitter
in Sektschale seihen. Mit kaltem dry Sekt auffüllen, mit Orangenschale abspritzen und mit Saughalm servieren

Saratoga

1 Glas Cognac
1 Barlöffel Ananassirup
1 dash Maraschino
1 dash Orangenbitter
im shaker mit Eis schütteln, in eine Sektschale abseihen, mit medium Champagner auffüllen und 3 Erdbeeren hineingeben

IBF

$^1/_4$ Cocktailmaß Asbach Uralt
$^1/_8$ Cocktailmaß Cointreau
    Triple sec
$^1/_8$ Cocktailmaß Brizard Prunelle
1 dash Boonekamp
im Mixglas rühren, mit trockenem Sekt auffüllen

Chicago

$^1/_2$ Cocktailmaß Napoléon
    Cognac
3 dashes Curaçao orange
1 dash Orangenbitter
im Mixglas mit Eis rühren. Das Sektglas mit Zitrone befeuchten, den Rand leicht mit Staubzucker betupfen und mit trockenem Sekt auffüllen

French »75«

$^1/_3$ Zitronensaft
$^1/_3$ Curaçao weiß
$^1/_3$ Gordon's Gin
im shaker mit Eis schütteln, in Sektschale seihen, mit kaltem Sekt auffüllen und mit einer Kirsche garnieren

G.B.S. Spooial

$^3/_4$ Lamplighter Gin
$^1/_4$ Marie Brizard Blackberry
mit dem Saft einer Orange im shaker mit Eis schütteln, über eine Maraschinokirsche und eine halbe Orangenscheibe in die Sektschale seihen und mit trockenem Sekt auffüllen

Champagner-Cocktail

1 Stück Würfelzucker in einer
Sektschale
mit Angosturabitter tränken, 1
Stück Eis ins Glas geben und mit
kaltem Sekt auffüllen, mit Zitronenzeste abspritzen

Milano

$^2/_5$ Campari
$^2/_5$ Grapefruitjuice
$^1/_5$ Cusenier Triple sec
im shaker mit Eis schütteln, abseihen und mit Sekt aufgießen

Moulin Rouge

$^1/_2$ Asbach Uralt Weinbrand
$^1/_2$ Ananassaft
1 TL Puderzucker
im shaker mit Eis gut schütteln,
in die Sektschale geben und mit
Sekt auffüllen, mit etwas Orangenschale abspritzen und mit
einer Weinbrandkirsche garnieren

Leo Special

$^1/_3$ Asbach Uralt Weinbrand
$^1/_3$ Marie Brizard Curaçao
Triple sec
$^2/_9$ Orangensaft
$^2/_9$ Grapefruitsaft
im shaker mit Eis schütteln, in
Sektschale abseihen, mit 1 Cock-
tailkirsche garnieren und mit Sekt
aufgießen

Sturm-Cocktail

$^1/_3$ Asbach Uralt Weinbrand

$^1/_3$ Bertram's Van der Hum
$^1/_3$ Carpano Vermouth dry
mit Sekt auffüllen

Olympic

$^1/_3$ White Satin Gin
$^1/_3$ Taylor's Port
$^1/_6$ Cointreau
$^1/_6$ Cinzano weiß
im Mixglas mit Eis rühren, in
Sektschale abseihen und mit Sekt
auffüllen

The Queen

$^1/_4$ Canadian Club Whiskey
$^1/_2$ Orangensaft
$^1/_8$ Maraschino
$^1/_8$ Lamplighter Gin
im shaker mit einem Eiswürfel
wenig schütteln und »on the
rocks« mit Sekt auffüllen

Cheerio

$^1/_2$ Stock Vermouth rot
$^1/_2$ Cordial Medoc
3 dashes Rose's Limejuice
1 dash Angosturabitter
im Mixglas mit Eis rühren, in
eine Sektschale seihen und mit
Sekt auffüllen

Valencia

$^2/_3$ Apricot Brandy
$^1/_3$ Orangensaft
4 dashes Orangenbitter
im shaker mit Eis schütteln, abseihen und mit medium Sekt auffüllen

Porto

⁴/₉ Taylor's Port
²/₉ Zitronensaft
²/₉ Orangensaft
¹/₉ Apricot Brandy
im shaker mit Eis schütteln, abseihen und mit Sekt auffüllen

Hanseatic

¹/₃ Old Forester Bourbon
 Whiskey
¹/₃ Hennessy Cognac
¹/₃ Marie Brizard Blackberry
 Brandy
mit Sekt auffüllen, ¹/₂ Scheibe
Orange, ¹/₂ Scheibe Zitrone dazu

Sturmvogel

¹/₂ Marie Brizard Peach Brandy
¹/₄ Curaçao Triple sec
¹/₄ Asbach Uralt Weinbrand
rühren, in Sektschale geben, mit
Champagner auffüllen, mit Zitrone abspritzen, 1 Stück Ananas
zugeben

Sexy 6

¹/₆ Orangensaft
¹/₆ Lamplighter Gin
¹/₆ Marie Brizard Apricot Brandy
¹/₆ Himbeersaft
in eine Sektschale geben, mit Sekt
auffüllen, 1 Kirsche beigeben

FIZZES

Zwei Franzosen sind in Amerika durch die Erfindung der Fizzes
— das Wort bedeutet sprudeln und zischen — populär und reich geworden. Heute gehören die Fizzes zu den bekanntesten amerikanischen drinks. Sie bilden mit den Collinses, Sours und Rickeys eine
gemeinsame Gruppe von long drinks, die für Tanzpausen und
durstige Nachtbummler geeignet sind. Sie enthalten weder appetitanregende Bitters noch digestive Liköre. Für sie ist das Aufspritzen
mit Soda- oder geschmacklosem Mineralwasser beziehungsweise das
Auffüllen mit trockenem Sekt charakteristisch. Die gleichen Mischungen mit Tonicwater heißen »Gin and Tonic«, »Brandy and
Tonic« etc., aber nicht mehr Fizzes. Sobald die Fizzgrundlagen mit
Ginger Ale oder Cola zusammengestellt werden, gehören sie in den
Bereich der Coolers, Highballs und Slings. An der Fizzbereitung
erkennt man den Meistermixer. Hier das Grundrezept:

1. Die Zutaten: das Fizzeis ist kleingehackt, haselnußgroß und
   möglichst trocken. Man füllt damit zuerst den shaker zu einem
   Drittel auf. Zitronen- beziehungsweise Fruchtsaft soll immer
   frisch und handgepreßt sein, damit die bitteren Kerne nicht zer-

quetscht werden. Auch überreife Zitronen verderben den drink. Am besten sind die italienischen Zedrat-Zitronen oder die engporigen, aber extrem sauren aus Ägypten. Als Ersatz für den Saft der grünlich süßlichen Lime-Zitrone aus Mittelamerika ist hier nur der Limejuice zu erhalten. Der Saft einer halben Zitrone füllt ca. ein Drittel des Cocktailmaßes. Der Saft einer ganzen Zitrone macht normalerweise mehr als zwei Drittel und etwas weniger als drei Viertel eines Cocktailmaßes aus. Dann kommt der Zucker, am besten in Form von Zuckersirup, sonst als Puderzucker. Je nachdem Eiweiß, Eigelb, ein ganzes Ei oder Liköre und Extrakte. Zuletzt die hochprozentigen und flüchtigen Alkoholica wie Gin, Brandy, Whisky, etc. Als Abschluß ein paar Spritzer Sodawasser.

2. Das Schütteln: den shaker in eine Serviette einschlagen und mit beiden Händen mindestens 80 Sekunden, lieber 2 Minuten lang sorgfältig und kräftig schütteln. Hier tut auch ein Elektromixer ausgezeichnete Dienste. Nie mehr als vier Fizzes in einer Füllung bereiten.

3. Das Servieren: frisch geschüttelt wird er mit dem strainer, dem silbernen Barsieb, in Fizzgläser geseiht. Das sind Limonaden- oder stiellose Viertellitergläser mit einer Eichung für das Fizzextraktmaß, auch tumbler, ihre hohen oder mittelhohen Whiskygläser sind verwendbar. Der gemixte und geschüttelte Fizz muß sofort mit festem Strahl aufgespritzt werden: mit eiskühlem Soda, Selters, Vichywasser, Apollinaris oder trockenem Sekt, denn das Getränk wird schäumend serviert. Als Dekor sind Zitronenscheiben und Kirschen das übliche. Die Gläser werden auf Unterteller gesetzt und mit einem Limonadenlöffel zum Nachquirlen sowie einem Strohhalm serviert. Fizzes müssen frisch und à la minute genossen werden.

Fizzes mit Eiweiß sind ›Silver Fizzes‹, mit Eigelb ›Golden Fizzes‹, mit ganzem Ei ›Royal Fizzes‹, mit Sahne aber ›Cream Fizzes‹. Zum Beispiel Gin Fizz: ›Tom Gin Silver Fizz‹, ›Genever Golden Fizz‹, ›Steinhäger Royal Fizz‹ oder ›Sloe Gin Cream Fizz‹, und diese Variationen gibt es nun mit der ganzen Skala vom Brandy bis zum Rum und Wodka.

Kurz, jede Spirituose, die sich geschmacklich mit Zitrone, Grapefruit und Orange oder einem entsprechenden Fruchtsaft verträgt, eignet sich zur Fizzbereitung, und mehr oder weniger ist jedes Fizzrezept auch abwandelbar als Silver-, Golden- oder Royal Cream Fizz. Hier einige berühmte Beispiele:

Fizzes

Gin Fizz

²/₃ Gordon's Gin extra dry
¹/₃ Zitronensaft
1 TL Staubzucker
wie im Grundrezept verfahren,
mit Kirsche und Zitronenschnitzen servieren

Silver Fizz

wie **Gin Fizz**, aber mit einem Eiweiß

Golden Fizz

wie **Gin Fizz**, aber mit einem Eigelb

Royal Fizz

wie **Gin Fizz**, aber mit einem
ganzen Ei

Sloe Gin Fizz

wie **Silver Fizz**, aber mit Sloe
Gin

Ramos Gin Fizz

³/₈ White Satin Gin extra dry
¹/₄ Zitronensaft
¹/₈ Rose's Limejuice
1 TL Puderzucker
1 Eiweiß
zum Schluß 1 EL Sahne und sofort wenigsten 80 Sekunden
schütteln, in einen großen tumbler abseihen und mit Soda aufspritzen

Bourbon Silver Fizz

⁴/₅ Harper's Bourbon Whiskey
1 TL Limejuice
1 TL Zitronensaft
1 TL Zucker
1 Eiweiß
wie im Grundrezept verfahren,
mit Kirsche und Zitronenschnitzen servieren

Morning Glory Fizz

⁴/₅ Vat 69 Whisky
¹/₅ Zitronensaft
1 TL Zuckersirup
1 TL Pernod
3 dashes Marie Brizard Anisette
verfahren, wie im Grundrezept
angegeben

Canadian Fizz

³/₅ Seagrams V.O. Whiskey
¹/₅ Saint James Rum
¹/₅ Zitronensaft
1 TL Zuckersirup
wie im Grundrezept verfahren,
mit Orangenschale und Kirsche
servieren

Souvenir Fizz

¹/₂ Zitronensaft
¹/₄ Dujardin Weinbrand
¹/₄ Heering Cherry Brandy
1 Eiweiß
2 TL Limejuice
wie im Grundrezept verfahren,
mit Kirsche, Zitronen- und Orangenschnitzen servieren

Brandy Golden Fizz

4/5 Bisquit Brandy
1/5 Orangensaft
1 Eigelb
1 TL Zuckersirup
1 TL Rose's Limejuice
wie im Grundrezept verfahren,
mit Orangenschnitz und Kirsche
servieren

Stockholm Fizz

2/3 Bols Schwedenpunsch
1/3 Zitronensaft
wie im Grundrezept verfahren,
mit Kirsche und Zitronenschnitz
servieren

Eldorado Silver Fizz

2/3 Zitronensaft
1/3 Chartreuse gelb
1 Eiweiß
1 EL Sahne
wie im Grundrezept verfahren,
mit Zitronenschnitzen servieren

Ramona Fizz

1/3 Zitronensaft
1/6 Orangensaft
1/3 Negrita Rum
1/6 Curaçao orange
1 TL Zuckersirup
2 TL Limejuice
wie im Grundrezept verfahren,
mit Orangenschnitzen und Ananasstücken servieren

Ostend Fizz

1/2 Kammer Kirschwasser
1/2 Marie Brizard Cassis

2 TL Rose's Limejuice
wie im Grundrezept verfahren,
mit Maraschinokirsche und Zitronenschnitzen servieren

Apple Fizz

1/2 Zitronensaft
1/3 Boulard Calvados
1/6 Maplesirup
wie im Grundrezept verfahren,
mit Zitronenscheiben servieren

Absinth Silver Fizz

2/3 Pernod
1/3 Zitronensaft
2 TL Marie Brizard Anisette
1 TL Grenadine
1 Eiweiß
wie im Grundrezept verfahren,
mit 1 grünen Kirsche und Zitronenschnitz servieren

Imperia Silver Fizz

2/3 Zitronensaft
1/6 Bosford Gin
1/6 Creme de Menthe
1 TL Zuckersirup
1 TL Limejuice
wie im Grundrezept verfahren,
mit 1 grünen und 1 roten Kirsche
servieren

India Fizz

1/2 Zitronensaft
1/4 Batavia Arrak
1/4 Old Tom Gin
2 TL Zuckersirup
1 TL Limejuice
wie im Grundrezept verfahren,
mit Zitronenschnitzen servieren

COLLINSES

Collinses sind eigentlich Fizzes, die nicht geschüttelt, sondern jeweils direkt im Trinkglas, einem kleinen Limonaden-, Fizzglas oder
tumbler gerührt werden. Es genügen zwei Eiswürfel. Alle Bestandteile der Mixtur, der Zucker, der Aufguß von Soda, Selters oder
Sekt werden nur verrührt. Kirschen und Zitronenstücke fehlen fast
nie, immer werden ein Strohhalm und ein Barlöffel beigegeben.
Collinses sollten auch kein Ei enthalten. Sie sind männliche Getränke und erreichen das feine, süffige Perlen der Fizzes nicht ganz.
Weltberühmt sind die Cocktails ›Tom Collins‹ und ›John Collins‹.
Gibt man ungepreßte Zitronenhälften, besser noch eine Limefrucht,
mit der Schnittfläche nach oben in den großen tumbler, begießt sie
mit den Alkoholica und drückt den Saft mit einem Stößel aus der
Frucht, bevor man mit Soda, Selters oder Sekt aufspritzt, dann heißt
dieser Fizz beziehungsweise Sour ›Rickey‹. Das alles sind Geist und
Körper kühlende Erfrischungen und für den späteren Abend bestimmt, enthalten aber kein Eis.

Collinses

Tom Collins

¹/₃ Zitrone
²/₃ Old Tom Gin
1 TL Zuckersirup
über 2 Eiswürfel in den tumbler
geben, mit einer Kirsche und Zitronenzeste garnieren, kurz umrühren und mit Sodawasser aufgießen. Mit Löffel und Strohhalm
servieren

Tom Collins Racquet Club

¹/₃ Zitronensaft
²/₃ Stein dry Gin Whitecock
¹/₂ TL Zuckersirup
1 TL Limejuice

1 dash Angostura
über 2 Eiswürfel im tumbler geben, mit einer Kirsche und Zitronenzeste garnieren, kurz umrühren und mit Sodawasser aufgießen. Mit Löffel und Strohhalm
servieren

John Collins

¹/₃ Zitronensaft
²/₃ Genever
¹/₂ TL Zuckersirup
über 2 Eiswürfel im tumbler geben, mit 2 Kirschen und ¹/₂ Orangenscheibe garnieren, kurz umrühren und mit Sodawasser aufgießen. Mit Löffel und Strohhalm
servieren

Joe Collins

$^1/_3$ Zitronensaft
$^2/_3$ Keglevich Wodka
$^1/_2$ TL Zuckersirup
1 TL Limejuice
1 dash Angostura
über 2 Eiswürfel im tumbler geben, mit 2 Kirschen und 1 Man-
darinenstück garnieren, kurz umrühren und mit Sodawasser aufgießen

Sandy Collins

wie **Tom Collins**, aber auf der
Basis von Scotch Whisky

Margue Collins

$^1/_3$ Zitronensaft
$^2/_3$ Finisimo Espuela Tequila
1 TL Limejuice
$^1/_2$ TL Zuckersirup
wie im Grundrezept angegeben
und mit $^1/_2$ Zitronenscheibe garnieren

Moscow Mule Collins

$^1/_3$ Zitronensaft
$^2/_3$ Smirnoff Wodka
1 TL Limejuice
über 2 Eiswürfel im tumbler geben, dazu eine Zitronenzeste und
mit Ginger Ale auffüllen, kurz
umrühren

SOURS

Bei den Sours, sprich Sauers, handelt es sich um konzentrierte
Fizzes, um scharfe Herren-long-drinks, in die der Zucker nur hin-
eingeschmuggelt wird. Sie werden wiederum ausgiebig geschüttelt,
doch Soda, Selters oder Sekt werden sparsamer aufgespritzt. Man
kann Sours darum in kleinen tumblers und Limonadengläsern servieren. Früchte wie Kirschen, Zitronen- und Orangenachtel oder
Scheiben und frische Minzblätter, Barlöffel und ein Strohhalm gehören immer dazu. Sours sind nächtliche Aufmunterer und Kater-
vertreiber und heiß gemixt die schärfsten Gegner des November-
schnupfens.

Sours

Gin Sour

$^2/_3$ Henkes Gin dry
$^1/_3$ Zitronensaft
wahlweise:
$^1/_2$ TL Zuckersirup, Himbeersirup
oder Limejuice

im shaker mit feingehacktem
Fizzeis kräftig schütteln, im klei-
nen tumbler abseihen und mit
Zitronenschnitzen servieren. Nach
Wunsch mit Sodawasser oder
Apollinaris etwas aufspritzen

Harakiri Sour

²/₃ Black Diamond Rye Whiskey
¹/₃ Zitronensaft
1 TL Limejuice
im shaker mit Fizzeis kräftig
schütteln, in kleinen tumbler abseihen, einen guten Schuß Sodawasser hinzu und mit Maraschinokirsche und Orangenschnitzen
servieren

Fireman's Sour

²/₃ Bacardi Rum
¹/₃ Zitronensaft
1 TL Grenadine
im shaker mit Fizzeis kräftig
schütteln, in kleinen tumbler abseihen, einen guten Schuß Apollinaris hinzu und mit Orangen-
und Ananasstücken servieren

Continental Sour

²/₃ Bisquit Cognac
¹/₃ Zitronensaft
1 TL Limejuice
im shaker mit Fizzeis kräftig
schütteln, in einen größeren
tumbler seihen, einen Schuß Rotwein daraufgießen und mit
Sodawasser auffüllen. Mit einigen Weinbeeren und Zitronenschnitzen servieren. Nicht den
Saughalm vergessen!

Egg Sour

¹/₃ Asbach Uralt Weinbrand
¹/₃ Curaçao orange
¹/₃ Zitronensaft
1 ganzes Ei

1 TL Zuckersirup
im shaker mit Fizzeis gut schütteln, in großen tumbler seihen
und mit Sodawasser auffüllen.
Einige Kirschen und Zitronen-
schnitze hinzugeben

Champagner Sour

²/₃ Monnet Cognac
¹/₃ Zitronensaft
1 TL Zuckersirup
im shaker mit Fizzeis kräftig
schütteln, diesmal aber nur die
Hälfte dieser Menge in eine Sektschale geben, dazu einige Cocktailkirschen, Orangen- und Zi-
tronenschnitze und mit Champagner oder Sekt auffüllen

Irish Whiskey Sour

²/₃ Tullamore Irish Whiskey
¹/₃ Zitronensaft
1 TL Limejuice
im shaker mit Fizzeis stark
schütteln, in einen kleinen tumbler seihen, mit Sodawasser, Maraschinokirsche und Orangenscheibe servieren

Bourbon Sour

²/₃ Old Forester Whiskey
¹/₃ Zitronensaft
1 TL Zuckersirup
1 dash Angosturabitter
im shaker mit Fizzeis kräftig
schütteln, in einen tumbler abseihen, mit einem Schuß Schwep-
pes-Wasser auffüllen, mit einer
Kirsche und einer Zitronenscheibe
garniert servieren

FÜR DIE SOMMER- UND GARTENFESTE

COBBLERS

Die prunkvollsten Mixgetränke, vielleicht auch die modernen Twen-drinks, sind *Champagner Cobblers*. Der Sommerball, die Garten-party, die Stunde der sinkenden Sonne, wenn man die Gedanken des Tages auspendeln läßt, das ist die Cobblertime. Und besonders Damen und die Jugend sind ihre Verehrer. Warum diese leichten, fruchtigen, geeisten und gesüßten Sommergetränke ausgerechnet Cobbler, Flickschuster, genannt werden, weiß ich nicht. Die Cobbler-saison ist die Zeit, in der es frische Früchte gibt. Reine Konserven-cobblers taugen nicht viel, es sind eher die Tiefkühlfrüchte, die auch im Winter Südseestimmung zur heißen Tanzmusik bringen. Es gibt auch Cobblers, die man nicht trinkt, sondern ißt beziehungsweise abtrinkt und dann auslöffelt. Der shaker tritt in diesem Fall nicht in Funktion. Man schabt Cobblereis vom Block oder mahlt sich Eis-schnee im Mixer und füllt damit die Cobblergläser bis zur Hälfte. Es können auch große, oben weit geöffnete Sektkelche sein. Dann übergießt man das Eis mit den Alkoholica, die als Grundmischung gleich für mehrere Cobblers bereitet werden, und rührt gut durch. Nun garniert man mit den Früchten: Bananen, Orangen, Manda-rinen, Erdbeeren, Kirschen, Himbeeren, Aprikosen, Pfirsichen, Ly-chees oder Ananas. Keine Birnen, Äpfel und Zitronen und keine sauren Beeren! Zuletzt füllt man den Cobbler mit aufgespritztem Weinbrand und Soda, mit Ginger Ale, Wein oder mit Sekt auf. Ein Strohhalm, ein Löffel (besser eine Gabel) gehören immer zum Service.

Cobblers

Portwine Cobbler
1 TL Grenadinesirup
1 TL Curaçao orange
1 TL Grand Marnier
1 Glas Burmesters Port dry

die Dosagen in das Cobblereis rühren, mit Kirschen, Orangen, Mandarinen und Bananen garnieren, dann den Portwein aufgießen und mit Strohhalm und kleiner Gabel servieren

Madeira Cobbler

1 TL Grenadinesirup
1 TL Maraschino
1 TL Curaçao orange
1 Südweinglas Madeira
nach dem Grundrezept und wie
bei **Portwine Cobbler** verfahren

Achaia Cobbler

1 TL Grenadinesirup
1 TL Maraschino
1 TL Metaxa Brandy
   (oder Weinbrand)
1 Cocktailmaß Mavrodaphne
nach dem Grundrezept und wie
bei **Portwine Cobbler** verfahren

Marsala Cobbler

1 TL Cointreau
1 TL Maraschino
1 TL Cordial Medoc
1 Cocktailmaß Rallo Marsala
   herb
wie im Grundrezept verfahren,
aber nur mit Mandarinen, Kirschen und Ananas garnieren

Sherry Cobbler

1 TL Grenadinesirup
1 TL Ananassirup
1 TL Napoléon Cognac
1 TL Peterhaus Kirschwasser
1 Cocktailmaß Harveys Sherry
wie im Grundrezept verfahren,
aber mit Ananas, Bananen und
Orangen garnieren

Malaga Cobbler

1 TL Grenadinesirup
1 TL Curaçao
1 TL Cusenier
1 dash White Clipper Rum
1 Cocktailmaß Malaga
verfahren wie im Grundrezept,
aber mit Mandarinen, Orangen,
Weintrauben garnieren

Vermouth Cobbler

1 TL Grenadinesirup
1 TL Limejuice
1 TL Chartreuse grün
1 TL Chartreuse gelb
1 Cocktailmaß Noilly Prat
   Vermouth
hier verfahren wir wie beim
Sherry Cobbler

Champagner Cobbler

1 TL Maraschino
1 TL Curaçao orange
1 TL Cointreau
verfahren wie im Grundrezept,
aber mit Trauben, Kirschen und
Orangen garnieren und mit
Champagner aufgießen

Côte d'Or Cobbler

1 TL Cointreau
1 TL Limejuice
1 TL Grenadinesirup
1 dash Orangenbitter
verfahren wie im Grundrezept,
aber mit Erdbeeren, Kirschen und
Lychees garnieren und mit Burgunder Mousseux oder rotem Sekt
aufgießen

Haute Sauterne Cobbler

1 TL Apfellikör
1 TL Maplesirup
1 TL Cognac
verfahren wie im Grundrezept
angegeben und mit Haute
Sauterne aufgießen

Brandy Cobbler

1 TL Grenadinesirup
1 TL Curaçao orange
1 TL Kirschwasser
verfahren wie im Grundrezept
angegeben und mit 1 Cocktailmaß Martell Cognac und ein
paar Spritzern Sodawasser auffüllen

Calvados Cobbler

1 TL Maplesirup
1 TL Limejuice
1 TL Calvados
1 TL Apfellikör
verfahren wie im Grundrezept
angegeben und mit 1 Cocktailmaß Apfelwein aufgießen

Carlton Cobbler

1 TL Grenadinesirup
1 TL Curaçao orange
2 TL Negrita Rum
1 Likörglas Gonzales Ybass
   Sherry
verfahren wie im Grundrezept
angegeben, aber mit Bananen,
Ananas und Orangen garnieren,
mit Sekt auffüllen und mit
2 dashes Maraschino abspritzen

Batavia Cobbler

1 TL Zuckersirup
2 TL Arrak
2 TL Jacobi Weinbrand
2 TL Curaçao weiß
verfahren wie im Grundrezept
angegeben, mit Bananen, Ananas
und Pfirsichen garnieren und mit
Ginger Ale aufgießen

Club Cobbler

1 TL Vanillesirup
1 TL Erdbeersirup
1 TL Chartreuse gelb
verfahren wie im Grundrezept
angegeben, mit Ananas und Erdbeeren garnieren und mit Sekt
auffüllen

Monogabela Cobbler

1 TL Maraschino
1 TL Grenadinesirup
1 TL Drambuie
1 TL Limejuice
verfahren wie im Grundrezept
angegeben, aber nur mit Orangen
und Kirschen garnieren, mit
1 Cocktailmaß Old Crow Bourbon Whiskey und ein paar Spritzern Sodawasser auffüllen

Branca Cobbler

1 TL Zuckersirup
2 TL Orangensaft
2 TL Kirschsirup
verfahren wie im Grundrezept
angegeben und mit 1 Cocktailmaß Branca Rosso Vermouth und
2 Spritzern Soda aufgießen

Irish Cobbler

1 TL Heering Cherry Brandy
1 TL Stock Maraschino
1 TL Curaçao orange
verfahren wie im Grundrezept
angegeben, aber mit Orangen,
Lychees und Kirschen dekorieren
und mit 1 Cocktailmaß Jim Beam
Straight Bourbon Whiskey und
1 Schuß aus dem Siphon aufgießen

Hocks Cobbler

1 TL Ananassirup
1 TL Maplesirup
1 TL Scharlachberg Weinbrand
verfahren wie im Grundrezept
angegeben und mit Rheinwein
aufgießen

Balaton Cobbler

1 TL Marie Brizard Peach Brandy
1 TL Marie Brizard Apry
1 TL Barack Pàlinka
verfahren wie im Grundrezept
angegeben, aber mit Aprikosen,
Pfirsichen und Kirschen garnieren und mit Sekt aufgießen

Black Forest Cobbler

1 TL Maraschino
1 TL Hammer Silberkirsch
1 TL Remy Martin Cognac
2 dashes Bénédictine D.O.M.
verfahren wie im Grundrezept
angegeben, aber mit Kirschen und
Ananas garnieren, mit $1/2$ Cocktailmaß Hammer Kirschwasser,
$1/2$ Cocktailmaß Yogakirschsaft
und einem Schuß aus dem Siphon
auffüllen

CRUSTAS

Eine kräftige Verlockung für Zungen, die sich nach einer Erfrischung
sehnen. Der leckere Herren-long-drink für die unterhaltsame Zeit
nach dem Abendessen, an dem Gaumen und Auge Freude haben.
Grundrezept:
Ein Weinglas mit Stiel wird an seinem oberen Rand rundherum mit
einem Zitronenviertel gut angefeuchtet und schnell, bevor der Saft
innen und außen abtropft, in einen Staubzuckerhaufen gestülpt. Es
bildet sich dadurch die Crusta, ein wie Rauhreif aussehender Zucker-
kristallstreifen am Glasrand. Diese Crustas können auch mit Orangen, Grapefruit, Ananas oder Pfirsich präpariert werden. Wieder
andere Crustas entstehen, wenn man die Gläser ganz vorsichtig, so
daß wirklich nur ihr äußerster Rand berührt wird, in dicken Sirup
dippt und dann in Zucker steckt (z. B. in Sirup von eingemachten
Zwergorangen, Himbeeren, in Cassis- oder Maplesirup). Am be-

kanntesten sind die Zitronencrustas, bei denen man auch noch die ganze Schalenspirale der Zitronen in das Innere des Glases dressiert, bevor man die geschüttelten Mischungen darübergibt.

Crustas

Gin Crusta

2 dashes Angostura
3 dashes Maraschino
1 TL Zitronensaft
1 TL Zitronensirup
1 TL Zucker
1 Cocktailmaß Gin
im shaker mit kleingeschlagenem Fizzeis sehr gut schütteln und vorsichtig in das mit Zuckerrand und Zitronenschale versehene Glas seihen und mit Strohhalm servieren

Bourbon Crusta

verfahren wie im Grundrezept, nur an Stelle des Gin Bourbon Whiskey

India Crusta

verfahren wie im Grundrezept, nur diesmal mit Arrak

Brandy Crusta

Die Crusta wird mit Orange präpariert, und auch die Schalenspirale besteht aus Orange. Im übrigen wie im Grundrezept verfahren und einen sanften Weinbrand nehmen

Karibian Crusta

Die Crusta mit Ananas bereiten, die Spirale aus Zitronenschale

nehmen und im übrigen wie im Grundrezept verfahren, aber mit Rum

Amour Crusta

Das Glas mit Zitronencrusta und Zitronenschale bereiten
2 dashes Peachbitter
1 TL Curaçao
1 TL Maraschino
2 dashes Limejuice
mit dunklem, nicht zu süßem Portwein wie im Grundrezept schütteln und weiterbehandeln

Crown Crusta

Das Glas mit Zitronencrusta und Zitronenschale präparieren
2 dashes Limejuice
1 TL Zucker
1 Eiweiß
$1/_2$ Cocktailmaß trockener Gin
$1/_2$ Cocktailmaß Zitronensaft
im übrigen wie im Grundrezept verfahren

Grassi's Crusta

Das Glas mit Zitronencrusta und Zitronenschale präparieren
1 TL Pernod
1 TL Grenadinesirup
1 TL Honig (wenn möglich Orangenblüten)
1 Cocktailmaß trockener Sherry
im übrigen verfahren wie im Grundrezept

Cuban Crusta

Das Glas mit einer Orangencrusta und Orangenschale präparieren
1 TL Curaçao Triple sec
2 TL Zitronensaft
3 TL Ananassaft
1 Cocktailmaß Bacardi Rum
im übrigen verfahren wie im
Grundrezept

Peach Crusta

Das Glas mit einer Pfirsichcrusta
präparieren
2 dashes Marie Brizard Peachbitter
1 TL Zucker
1/3 Özibarack
1/3 Armagnac
1/3 Peach Brandy
im übrigen wie im Grundrezept
verfahren

Blue Dawn

Das Glas mit einer Cassiscrusta
und Zitronenschale präparieren
1 dash Orangenbitter
1 TL Cassissirup
1 TL Zitronensaft
1 TL Zucker
1/2 Cocktailmaß trockenen Vermouth
1/2 Cocktailmaß trockenen Gin
im übrigen wie im Grundrezept
verfahren

Ski Crusta

Das Glas mit einer Ananascrusta
und Zitronenschale präparieren

1 dash Angosturabitter
1/2 Cocktailmaß Kirschwasser
1/2 Cocktailmaß Mandarinensaft
im übrigen verfahren wie im
Grundrezept

Tabu Crusta

Das Glas mit einer Himbeercrusta
und Zitronenspirale präparieren
2/5 Himbeergeist
2/5 Apricot Brandy
1/5 Zitronensaft
1 TL Zucker
2 dashes Maraschino
wie im Grundrezept verfahren

Imperial Crusta

Das Glas mit einer Mandarinen-
crusta und einer Orangenspirale
präparieren
3 dashes Mandarinenlikör
3 dashes Maraschino
3 TL Mandarinensaft
1/2 Cocktailmaß Kirschwasser
verfahren wie im Grundrezept,
doch zum Schluß bis knapp unter
den Crustarand mit Sekt auffüllen

Splendide Crusta

Das Glas mit Orangencrusta und
Orangenspirale präparieren
3 dashes Maraschino
1/2 Cocktailmaß Orangensaft
1/2 Cocktailmaß Curaçao
verfahren wie im Grundrezept
angegeben, aber zum Schluß mit
schwerem Rotwein bis an den
Zuckerrand auffüllen

Normandie Crusta

Das Glas mit Maplesirupcrusta
und Zitronenspirale präparieren
1 TL Orangensaft
1 TL Limejuice
1 TL Zucker
$^1/_2$ Calvados
$^1/_2$ Weinbrand
verfahren wie im Grundrezept
angegeben

California Crusta

Das Glas mit einer Grapefruit-
crusta und Zitronenspirale präparieren
2 dashes Maraschino
1 dash Angostura

$^1/_2$ Cocktailmaß trockener
Vermouth
$^1/_2$ Cocktailmaß Rye Whiskey
im übrigen verfahren, wie im
Grundrezept angegeben

Wodka Crusta

Das Glas mit einer Orangen-
sirupcrusta und Zitronenspirale
vorbereiten
1 TL Zucker
1 dash Angostura
1 dash Orangenbitter
$^1/_6$ Vermouth rot
$^2/_3$ Wodka
$^1/_6$ Weinbrand
verfahren wie im Grundrezept
angegeben

DAISIES

Daisies sind für die Damen das Pendant zu den Crustas der Herren;
den Cobblern ähnlich, aber um einiges konzentrierter, sind sie
little lady long drinks, die den Durst beruhigen, auf das Auge an-
ziehend und auf den Geschmack schmeichelnd wirken. Vom Party-
tanz erhitzte Gemüter können sich an ihnen beruhigen. Ihr Glas ist
die kleine sogenannte Asti-Sektschale oder der größere Cocktailkelch.
In jedem Fall schwenkt man das Glas vorher mit Eis aus und legt
3 bis 4 Kirschen ein. Der Cocktail selbst wird mit viel Fizzeis im
shaker eine gute Minute geschüttelt, damit er noch schäumt, wenn
er durch den strainer, das Barsieb, eingegossen wird. Man spritzt
ihn mit Soda auf und serviert mit einem Saughalm.

Daisies

Brandy Chartreuse Daisy

Das Daisyglas oder die Sektschale wird mit Eis ausgeschwenkt
und 3 bis 4 Kirschen eingelegt
4 dashes Zuckersirup

6 dashes Zitronensaft
$^2/_5$ Chartreuse
$^3/_5$ Weinbrand
im Mixer mit Fizzeis 1 Minute
schütteln, abseihen, mit Soda auffüllen und mit Strohhalm und
Barlöffel servieren

Brandy Grenadine Daisy

$^1/_3$ Zitronensaft
$^1/_3$ Grenadinesirup
$^1/_3$ Weinbrand
verfahren wie im Grundrezept
angegeben

Champagner Daisy

$^1/_6$ Cocktailmaß Grenadine
$^1/_6$ Cocktailmaß Zitronensaft
$^1/_3$ Cocktailmaß Chartreuse
verfahren wie im Grundrezept,
aber nach dem Abseihen mit
Champagner oder Sekt füllen

Ginger Daisy

1 TL Zuckersirup
$^1/_3$ Zitronensaft
$^2/_3$ Cognac
verfahren wie im Grundrezept,
aber mit Ginger Ale auffüllen

Mexican Daisy

1 TL Zucker
2 dashes Vanillesirup
1 TL Limejuice
1 Cocktailmaß Bacardi Rum
verfahren wie im Grundrezept
angegeben und mit Selterswasser
aufgießen

Morning Daisy

4 dashes Zitronensaft
3 dashes Pernod
1 TL Zucker
1 Cocktailmaß Rye Whiskey
verfahren wie im Grundrezept
und mit Soda auffüllen

St. Croix Daisy

Diesmal werden in das Daisyglas
oder die Sektschale statt Kirschen
Ananas gegeben
1 TL Zuckersirup
1 TL Limejuice
3 dashes Maraschino
1 Cocktailmaß französischer
  Rum
im übrigen verfahren wie im
Grundrezept angegeben und mit
Selters auffüllen

Bourbon Daisy

1 TL Zucker
3 dashes Lemonjuice
4 dashes Himbeersirup
1 Cocktailmaß Bourbon
verfahren wie im Grundrezept
und mit Soda auffüllen

Canadian Daisy

1 TL Zucker
1 TL gelbe Chartreuse
3 dashes Lemonjuice
1 dash Limejuice
1 Spritzer Selters
1 Cocktailmaß Canadian
  Whiskey
verfahren wie im Grundrezept
und mit Soda auffüllen

Rye Daisy

1 TL Puderzucker
1 TL Himbeersirup
1 TL Lemonjuice
1 Cocktailmaß Rye Whiskey
verfahren wie im Grundrezept
und mit Soda auffüllen

Oporto Daisy

1 TL Zuckersirup
1 dash Vanillesirup
2 TL Creme de Noyaux
1 Cocktailmaß Portwein medium
verfahren wie im Grundrezept
angegeben

Wodka Daisy

Das Glas wird nicht mit
Kirschen, sondern mit Ananasstücken belegt
1 TL Zuckersirup
2 TL Bénédictine D.O.M.
1 Spritzer Maraschino
1 Spritzer Calvados
1 Cocktailmaß Wodka

Gin Daisy

4 dashes Zuckersirup
3 dashes Maraschino
$^1/_3$ Zitronensaft
$^2/_3$ London Gin
verfahren wie im Grundrezept
angegeben und mit Selters aufgießen

Maraska Daisy

Das Glas wird mit einigen
Maraschinokirschen belegt
1 TL Zuckersirup
1 dash Vanillesirup
3 TL Sauerkirsch (Yoga)
$^1/_3$ Maraschino
$^1/_3$ Cherry Brandy
$^1/_3$ Kirschwasser
verfahren wie im Grundrezept
angegeben und mit Soda
aufspritzen

Japan Daisy

Die Kirschen im Glas werden
diesmal durch Lychees ersetzt (in
Konserven erhältlich)
1 TL Zuckersirup
3 dashes Arrak
2 dashes Maraschino
$^1/_3$ Sherry dry
$^2/_3$ Wodka
verfahren wie im Grundrezept
angegeben und mit Soda
aufspritzen

SODAS

Das bedeutet immer das Cocktailquantum, also 5 cl oder $2^1/_2$ Likörgläser, von einer Grundspirituose: Brandy oder Whiskey (Scotch
Whisky mit Soda wird von den Schotten strikt abgelehnt), Rum,
Gin, Vermouth, Campari etc., und zwar ›on the rocks‹. Auf ein bis
zwei große Eiswürfel in einem tumbler oder Limonadenglas wird
etwas Zitronenschale abgespritzt, der betreffende Alkohol aufgegossen und mit Soda aus der gekühlten Siphonflasche gefüllt.

Campari Soda

1 Cocktailmaß Campari
1 Schuß Stock Vermouth rot
1 Stück Zitronenschale
über Eiswürfel im tumbler gießen
und mit Soda auffüllen

Genauso verfährt man mit:

Cinzano Amaro Soda
Amer Picon Soda
Cynar Soda
Dubonnet Soda
Sherry Soda
Whisky Soda
Irish, Bourbon, Rye oder
Canadian Club Whiskey

dazu Zitronenschale und 1 Kirsche

Brandy Soda

schmeckt am besten mit spani-
schem Brandy aus Jerez, mit Armagnac und mit griechischem Me-
taxasbrandy und mit einer Orangenschale an Stelle von Zitrone,
was auch bei
Portwein oder Marsala Soda
zutrifft

Gin and Tonic

wird wie ein Soda gemischt und
mit einer Zitronenschale serviert.
Auch Wodka, Tequila, Genever
und Steinhäger schmecken mit
Tonic vorzüglich

HIGHBALLS

sind den Sodas fast gleich, nur wird neben Sodawasser auch Ginger
Ale, eine aus England stammende Ingwer-Limonade, verwendet und
statt einer Zitronenzeste jeweils die Spirale verschiedener Zitrusfrüchte: Orangen, Mandarinen, Grapefruit etc.

Bermuda Highball

1 dash Orangenbitter
$^1/_3$ Asbach Uralt Weinbrand
$^1/_3$ Bols Silver Ton Gin
$^1/_3$ Stock Vermouth
im Mixglas rühren, über einen
Eiswürfel im tumbler geben, mit
Sodawasser auffüllen und mit
etwas Zitronenschale überstreuen

Brandy Highball

1 dash Pernod
1 TL Zitronensaft
1 TL Limejuice
1 Cocktailmaß Dujardin Weinbrand
im shaker schütteln, über ein Eisstück im tumbler seihen und mit
an einem Zuckerwürfel abgeriebener Zitronenschale überstreuen,
mit Ginger Ale aufgießen

Durkee Highball

1 TL Limejuice
1/2 TL Curaçao Triple sec
1/2 Bacardi Rum
im shaker kurz schütteln, über einen Eiswürfel im tumbler seihen und mit Soda auffüllen

Country Club Highball

1/4 Grenadinesirup
3/4 Chambéry Vermouth
im shaker mit Eis schütteln, über einen Eiswürfel im tumbler seihen und mit Sodawasser auffüllen (ist auch als Cooler mit Ginger Ale sehr gut)

Pompier Highball

1/2 Curaçao Triple sec
1/2 Bardinet Creme de Cassis
im tumbler mit einem Eiswürfel verrühren und mit Sodawasser aufgießen, mit 1 Zitronenspirale servieren

Victory Highball

1/2 Pernod
1/2 Grenadinesirup
im shaker schütteln, über ein Eisstück im tumbler gießen und mit Ginger Ale auffüllen

Admiral Highball

1 TL Ananassirup
1 TL Zitronensaft
1/2 Forester Bourbon Whiskey
1/2 Tokayer
im shaker mit einem Eiswürfel vorsichtig schütteln, in einen tumbler gießen und mit Soda auffüllen

Raspberry Highball

1/3 Himbeersirup
1/3 Burkhart & Krafft Himbeergeist
1/3 Gilbey's Gin
1 TL Limejuice
im shaker mit Eiswürfel schütteln, in tumbler gießen und mit Soda auffüllen

COOLERS

sind den Highballs fast gleich, nur wird konstant Ginger Ale verwendet, und es können Fruchtsäfte und Zucker dazu kommen. Ist das der Fall, so werden die Spirituosen erst mit Eis geschüttelt und in den tumbler geseiht und dann mit Ginger Ale aufgegossen. Ist der Fruchtsaft von Zitronen, so nähern sich die Coolers geschmacklich den Sours.

Bull Pup Cooler

1 TL Zuckersirup
1 TL Limejuice
$^1/_3$ Zitronensaft
$^2/_3$ Henkes Gin dry
im shaker mit kleingehacktem Eis
schütteln, in einen großen tumbler und mit Ginger Ale auffüllen

Bull Dog Highball

1 TL Cointreau
$^1/_2$ Orangensaft
$^1/_2$ Heinrich Gin dry
im shaker mit kleingehacktem Eis
schütteln, mit Ginger Ale auffüllen und mit einer Orangenschale-
spirale dekorieren

Ardsley Cooler

1 TL Limejuice
$^3/_4$ Old Tom Gin
$^1/_4$ Bols Creme de Menthe
im shaker mit kleingehacktem Eis
schütteln, in einen tumbler gießen, mit Ginger Ale auffüllen
und mit einem Zweig frischer
Minze dekorieren

Manhattan Cooler

1 TL Limejuice
$^1/_3$ Zitronensaft
$^2/_3$ White Clipper Rum
im shaker mit kleingehacktem Eis
schütteln, zur Hälfte mit Rotwein, zur anderen mit Ginger Ale
auffüllen und mit einer Zitronenspirale servieren

White Cooler

$^1/_2$ Orangensaft
$^1/_2$ Racke Whisky
1 dash Angosturabitter
im shaker mit Eis schütteln, in
einen tumbler gießen, mit Ginger Ale auffüllen und einer Orangenschale servieren (ohne Angostura heißt er **Remsen Cooler** und
mit Bourbon Whiskey **Narragan-
sett Cooler**)

Harvard Cooler

1 TL Maplesirup
$^1/_3$ Orangensaft
$^2/_3$ Boulard Calvados
im shaker mit Eis schütteln, in
tumbler gießen und mit Ginger
Ale auffüllen

Brandy Cooler

1 TL Grenadinesirup
$^1/_3$ Orangensaft
$^1/_3$ Schladerer Kirschwasser
$^1/_3$ Hennessy Cognac
im shaker mit Eis schütteln, in
tumbler gießen, mit Ginger Ale
auffüllen und mit 1 Orangenschale servieren

Shanghai Cooler

1 TL Ananassirup
$^1/_2$ Grapefruitjuice
$^1/_2$ Batavia Arrak
im shaker mit Eis schütteln, in
tumbler gießen, mit Ginger Ale
auffüllen und mit über Zucker
abgeriebener Grapefruitschale
servieren

JULEPS

Das bedeutet an sich ›Kühlschränke‹, und sie sind in der Tat geeiste Erfrischungen, long drinks mit Früchten, wie die Cobblers. Doch dominiert hier die Krauseminze, deren frische Blätter man über dem Eis im Cobblerglas etwas zerreibt. Man tut gut daran, die Gläser zwei Stunden vorher in den Kühlschrank zu stellen. In der Not, aber nur dann, kann man die frische Minze durch getrocknete oder Pfefferminzlikör ersetzen. Immer mit Barlöffel und Strohhalm servieren.

Apple Jack Julep

Die Minzeblätter in Wasser, dann in Zucker tauchen und in einem tumbler zerdrücken, zehn Minuten im Kühlschrank ziehen lassen,
1 TL Grenadinesirup,
1 Cocktailmaß Morin Calvados Cobblereis hinzu und gut verrühren, mit Früchten und frischer in Zucker getauchter Minze dekorieren. Mit Saughalm und Barlöffel servieren

Brandy Julep

wie **Apple Jack Julep**, aber wir verwenden Weinbrand an Stelle des Calvados

Maryland Julep

die besten werden mit Rye Whiskey gemischt

Ben Clark Mint Julep

wird mit Bourbon Whiskey gemischt

Rum Julep

gelingt am besten mit weißem Bacardi Rum

SMASHES

Das sind mit Juleps rezeptgleiche drinks, nur schüttelt man die Grundessenz wie Fizzes, aber mit Cobblerschnee, im shaker. Man garniert vielfach mit Ananas und gießt meist mit Mosel- oder Apfelwein auf. Richtig serviert werden sie im Cobblerkelch mit Strohhalm, Löffel oder Gabel.

Brandy Smash

1 TL Zucker
1 Schuß Selterswasser
im shaker verrühren
4 Blätter frische, zerkleinerte
  Minze
1 EL Cobblereis
1 Cocktailmaß Weinbrand
miteinander schütteln, in einen
Cobblerkelch mit Cobblereis und
verschiedenen Früchten seihen,
mit einem Minzeblatt garnieren
und mit einem Strohhalm servieren

Fancy Rye Smash

1 TL Zucker
1 Schuß Selterswasser
im shaker verrühren
4 Blätter frische, zerkleinerte
  Minze
1 EL Cobblereis
1 Cocktailmaß Rye Whiskey
2 dashes Creme de Noyeau
alles zusammen schütteln, in
einen Cobblerkelch mit Cobblereis und verschiedenen Früchten
seihen, mit einem Minzeblatt garnieren und mit einem Strohhalm
servieren

Gin Smash

1 TL Zucker
1 Schuß Selterswasser
im shaker verrühren
4 Blätter frische, zerkleinerte
  Minze
1 EL Cobblereis
1 Cocktailmaß Gin
miteinander schütteln, in einen
Cobblerkelch mit Cobblereis und
verschiedenen Früchten seihen,
mit 3 bis 4 Schuß trockenem Vermouth aufgießen, mit einem Minzeblatt garnieren und mit einem
Strohhalm servieren

Grassi's Smash

1 TL Zucker
1 Schuß Selterswasser
im shaker verrühren
4 Blätter frische, zerkleinerte
  Minze
1 EL Cobblereis
1 Cocktailmaß Arrak
1 TL Creme de Menthe
3 dashes Curaçao weiß
miteinander gut schütteln, in
einen Cobblerkelch mit Cobblereis und verschiedenen Früchten
seihen, mit 3 bis 4 Schuß Moselwein aufgießen, mit einem Minzeblatt garnieren und mit einem
Strohhalm servieren

Rum Smash

1 TL Zucker
1 Schuß Selterswasser
im shaker verrühren
4 Blätter frische, zerkleinerte
  Minze
3 dashes Creme de Menthe
1 Cocktailmaß Rum
miteinander gut schütteln, in
einen Cobblerkelch mit Cobblereis und verschiedenen Früchten
seihen, mit 3 bis 4 Schuß Moselwein aufgießen, mit einem Minzeblatt garnieren und mit einem
Strohhalm servieren

Calvados Smash

1 TL Zucker
1 Schuß Selterswasser
im shaker verrühren
4 Blätter frische, zerkleinerte
   Minze
3 dashes Creme de Menthe
1 Cocktailmaß Calvados
1 dash Bénédictine D.O.M.
miteinander gut schütteln, in
einen Cobblerkelch mit Cobblereis und verschiedenen Früchten
seihen, mit Apfelsaft aufgießen,
mit einem Minzeblatt garnieren
und mit einem Strohhalm servieren

Tequila Smash

1 TL Zucker
1 Schuß Selterswasser
im shaker verrühren
4 Blätter frische, zerkleinerte
   Minze
3 dashes Creme de Menthe
1 Cocktailmaß Tequila

1 TL Limejuice
miteinander gut schütteln, in
einen Cobblerkelch mit Cobblereis und verschiedenen Früchten
seihen, mit 2 bis 3 Spritzern Vermouth aufgießen, mit einem Minzeblatt garnieren und mit einem
Strohhalm servieren

Bourbon Smash

1 TL Zucker
1 Schuß Selterswasser
im shaker verrühren
4 Blätter frische, zerkleinerte
   Minze
3 dashes Creme de Menthe
1 Cocktailmaß Bourbon
1 TL Limejuice
miteinander gut schütteln, in
einen Cobblerkelch mit Cobblereis und verschiedenen Früchten
seihen, mit 3 bis 4 Spritzern Soda
aufgießen, mit einem Minzeblatt
garnieren und mit einem Strohhalm servieren

SANGAREES

sind die indische Version von Smashes und entsprechend stärker
gewürzt. Ersetzt man das Cobblereis durch kochendes Wasser, entsteht ein Hot Sangaree, den man im Punschglas serviert.

Ale Sangaree

Den shaker halbvoll mit Fizzeis
füllen
1 TL Zucker
1 TL Ingwersirup

1 Cocktailmaß Wodka
gut schütteln, in einen tumbler
abseihen und mit hellem Bier
aufgießen, mit Muskatnuß überstreuen

American Sangaree

Den shaker halbvoll mit Fizzeis
füllen
1 TL Zucker
1 Cocktailmaß Madeira
gut schütteln, in einen tumbler
abseihen und mit Muskatnuß
überstreuen

Brandy Sangaree

Den shaker halbvoll mit Fizzeis
füllen
1 TL Zucker
1 Cocktailmaß Cognac
gut schütteln, in einen tumbler
abseihen und mit Muskatnuß
überstreuen

Boston Sangaree

Den shaker halbvoll mit Fizzeis
füllen
1 TL Zucker
2 Schuß Calvados
1 Cocktailmaß Apfelsaft

gut schütteln, in einen tumbler
abseihen, mit Sekt aufgießen und
mit Muskatnuß überstreuen

Port Sangaree

Den shaker halbvoll mit Eis füllen
1 TL Zucker
3 dashes Curaçao orange
1 Cocktailmaß dunklen Portwein
gut schütteln, in einen tumbler
seihen und mit Muskatnuß überstreuen

Whiskey Sangaree

Den shaker halbvoll mit Eis füllen
1 TL Honig
1 TL Cherry Brandy
1 Cocktailmaß Bourbon Whiskey
gut schütteln, in einen tumbler
abseihen und mit Muskatnuß
überstreuen

SLINGS

Auch das sind ost- und westindische Tropen-long-drinks mit allen
Merkmalen eines Cobblers, Juleps oder Sangarees, nur wird vielfach
kalter Tee als Aufguß genommen. Slings werden wie Sangarees und
Toddies auch heiß getrunken. Man serviert sie kalt im tumbler und
heiß im Punschglas mit Strohhalm und Löffel.

Bombay Sling

1 dash Angostura
2 TL Zuckersirup
1/3 Zitronensaft
2/3 Curaçao

im shaker mit Fizzeis gut schütteln, in ein großes Burgunder-
oder Ballonglas gießen, mit Orangen, Kirschen und Bananen garnieren und mit kaltem Tee aufgießen

Singapore Sling

1 TL Zuckersirup
$^1/_3$ Sloe Gin
$^1/_6$ Gin dry
$^1/_6$ Apricot Brandy
$^1/_6$ Cherry Brandy
$^1/_6$ Limejuice
im shaker mit Fizzeis gut schütteln, in ein Slingglas geben, mit Orangen, Kirschen und Ananas garnieren, zur Hälfte mit Tee und zur Hälfte mit Selters auffüllen

Kalkutta Sling

1 TL Zuckersirup
1 TL Ingwersaft
$^1/_3$ Ananassaft
$^2/_3$ Arrak
im shaker mit Fizzeis schütteln, mit Ananas, Bananen und Lychees dekorieren und mit Tonic Water auffüllen

Gin Sling

1 TL Grenadinesirup
1 TL Zuckersirup
$^1/_6$ Zitronensaft
$^1/_6$ Limejuice
$^2/_3$ Gin dry
im shaker mit Fizzeis schütteln, mit Mandarinen, Orangen und Kirschen garnieren und mit Soda auffüllen

Bangkok Sling

$^1/_6$ Limejuice
$^1/_6$ Cherry Brandy
$^2/_3$ Gin dry
2 dashes Bénédictine D.O.M.
2 dashes Weinbrand
im shaker mit Fizzeis gut schütteln, mit einer Orangenscheibe und einem Minzeblatt dekorieren und mit kaltem Tee auffüllen

Grassi's Sling

1 TL Staubzucker
$^1/_6$ Zitronensaft
$^1/_6$ Wodka
$^2/_3$ Schwedenpunsch
im shaker mit Fizzeis schütteln, mit Ananas garnieren und mit Tee auffüllen

Mother's Milk Sling

1 TL Blütenhonig
$^4/_5$ Rye Whiskey
im shaker mit Fizzeis schütteln, mit Kirschen, Lychees und Mirabellen dekorieren und mit Milch aufgießen

Baltimore Sling

1 TL Grenadinesirup
1 TL Limejuice
1 Cocktailmaß Cognac
im shaker mit Fizzeis gut schütteln, mit Orangen, Mandarinen und Bananen garnieren und mit Apfelsaft auffüllen

TODDIES

Zwischen ihnen und Slings besteht kaum ein Unterschied. Es sind eigentlich Wasser- oder Teepunsche, würzig wie fast alles aus den Tropen.

Dutch Toddy

2 TL Puderzucker
²/₃ Genever
¹/₃ Weinbrand
im Ballon- oder Burgunderglas den Zucker mit etwas Wasser auflösen, Fizzeis dazugeben, Gin und Weinbrand darübergießen, sehr gut umrühren und mit einer Zitronenscheibe belegen, mit kaltem Tee aufgießen und mit Strohhalm servieren

Pendennis Toddy

2 TL Honig
2 TL Kirschwasser
1 Cocktailmaß Bourbon Whiskey
den Honig mit etwas Wasser im Ballonglas auflösen, Fizzeis dazugeben, mit Kirsch und Whiskey übergießen und verrühren, mit ganz leichtem Tee auffüllen und mit Kirschen, einer Zitronen- und Orangenscheibe garnieren und mit Strohhalm servieren

Rum Toddy heiß

1 Zitronenscheibe mit 2 Gewürznelken spicken und in einen tumbler geben, 2 Stück an einer Orangenschale geriebenen Würfelzucker und 1 Prise Zimt hinzu.

Dann noch eine Locke Zitronenschale und über diese Zutaten 1 Südweinglas Jamaica Rum. Das zusammen mit der gleichen Menge heißem Wasser übergießen, mit Barlöffel und Strohhalm servieren

Acapulco Toddy

1 TL Puderzucker
¹/₃ Creme de Cassis
²/₃ Tequila
im übrigen wie **Dutch Toddy** verfahren, aber mit Soda aufgießen

Bangkok Toddy

2 TL Puderzucker
2 TL Schwedenpunsch
¹/₃ Wodka
²/₃ Batavia Arrak
im übrigen wie **Dutch Toddy** verfahren

Norman's Toddy

2 TL Puderzucker
1 TL Bénédictine D.O.M.
¹/₃ Weinbrand
²/₃ Calvados
im übrigen wie **Dutch Toddy** verfahren

FÜR DIE EISKREME-STUNDE

SORBETS

Sorbets sind die Eiscafés der Bar oder Fruchteisbecher für den Nachmittag und dienen als Erfrischung während eines mehrgängigen Festessens oder als Dessert. Sie werden nur aus Frucht- oder Cremeeis mit vielen Früchten hergestellt, mit Alkohol untermischt und mit Sekt oder Wein aufgegossen. Ihr Dekor besteht vornehmlich aus Rumtopffrüchten: Ananas in Kirschwasser, Maraschinokirschen oder Pflaumen in Armagnac. Zitronen, Äpfel, Birnen, Orangen und Trauben eignen sich nicht als Sorbetgarnitur. Für das Service sind Cobblergläser oder große Sektkelche mit einem Barlöffel oder Strohhalm zu verwenden.

Apricot Sorbet

2 Kugeln Aprikoseneis in einen großen Sektkelch geben, mit 1 Schuß Apricot Brandy und 1 Schuß Barack Pàlinka übergießen und mit Moselwein auffüllen. Mit Strohhalm servieren!

Hawaii Sorbet

2 Kugeln Ananaseis
2 dashes Maraschino
3 dashes Chartreuse
in einen großen Sektkelch geben und mit Rheinwein auffüllen

Grande Sorbet

2 Kugeln Vanilleeis
1 Schuß Grenadine
1 Schuß Calvados
in einen großen Sektkelch geben, mit Bananen und Pfirsichen garnieren und mit Sekt auffüllen

Hongkong Sorbet

2 Kugeln Vanilleeis
1 Schuß Lycheesirup
1 Schuß Arrak
2 Schuß Sherry
in einen großen Sektkelch geben, mit Kirschen und Lychees garnieren und mit Sekt auffüllen

Cherry Sorbet

2 Kugeln Vanilleeis
1 EL kleingehackte Maraschino- und kandierte Kirschen darüberstreuen
2 Schuß Kirschwasser
2 Schuß Cherry Brandy
in einen Sektkelch geben und mit rotem Sekt auffüllen

Orange Sorbet

2 Kugeln Orangeneis
3 dashes Orangenbitter
1 Schuß Cointreau
2 Schuß Grand Marnier
in einen großen Sektkelch geben
und mit Sekt auffüllen

Strawberry Sorbet

2 Kugeln Erdbeereis
2 EL Walderdbeeren
1 dash Orangenbitter
2 Schuß Weinbrand
in einen großen Sektkelch geben
und mit rotem Sekt aufgießen

SUNDAES

Das sind sozusagen die Prunk-Sorbets oder wie die Amerikaner, die Spezialisten in der Eisbereitung, sagen würden, die Coupees. Es sind mehr Desserts als drinks und werden darum im Cobblerglas aufgebaut und entsprechend mit Früchten garniert.

Sunday Sundae

1 EL Schokoladeneis
1 EL Vanilleeis
1 EL Nußeis
ins Cobblerglas geben und darüber
1 Schuß Orzata
  (Mandelmilchsirup)
3 Schuß Kirschwasser
mit Kirschen, Erdbeeren und
Ananas dekorieren und mit 1 TL
geraspelter Nüsse bestreuen, 2 EL
Schlagsahne darüber, 1 Kirsche
obenauf und mit Strohhalm servieren

Birthday Sundae

1 EL Mokkaeis
1 EL Vanilleeis
1 EL Schokoladeneis
ins Cobblerglas geben und darüber

2 dashes Rum
2 TL Kirschsirup
3 Schuß Maraschino
mit Ananas und Bananen garnieren, 2 EL gehäuft mit Schlagsahne
darübergeben und mit Strohhalm
servieren

Weddingday Sundae

1 EL Erdbeereis
1 EL Ananaseis
1 EL Zitroneneis
ins Cobblerglas geben und darüber
2 dashes Vanillesirup
1 Schuß Cointreau
3 Schuß Arrak
mit Erdbeeren, Kirschen und Ananasstücken dekorieren und mit
1 TL Cocosflocken und 2 EL
Schlagsahne servieren

Halloweenday Sundae

1 EL Aprikoseneis
1 EL Bananeneis
1 EL Karameleis
ins Cobblerglas geben und darüber
1 TL Maplesirup

1 Schuß Apricot Brandy
2 Schuß Calvados
mit Pfirsich-, Aprikosen- und Ba-
nanenstücken garnieren,
1 TL geriebene Mandeln
2 gehäufte EL Schlagsahne darübergeben und mit Strohhalm
servieren

GLACÉS UND FRAPPÉS

Das sind Cocktails mit einer Spirituose oder einem Likör angemischt
und in einem Cobblerglas mit Eisschnee und Früchten garniert. Eiscreme Frappés dagegen sind Cocktails oder Cobblers, die mit Frucht-
oder Cremeeis im shaker geschüttelt und im Cobblerglas oder Sektkelch mit Früchten garniert angerichtet werden. Es gehören also
auch hier ein Barlöffel und ein Strohhalm zum Service. Für Frappés
und Glacés gibt es viele alkoholfreie Rezepte.

White Dream Frappé

2 EL Vanilleeis
$^2/_3$ Cocktailmaß Gin
$^1/_3$ Cocktailmaß Curaçao
    Triple sec
2 EL Sahne
im shaker schütteln, in einen
Sektkelch füllen und mit einem
Strohhalm servieren

Orange Cream Frappé

2 EL Vanilleeis
1 Eigelb
$^1/_2$ Cocktailmaß Orangensaft
$^1/_2$ Curaçao orange
2 EL Sahne
im shaker gut schütteln, in einen
Sektkelch füllen und mit Strohhalm servieren

Chocolate Frappé

2 EL Vanilleeis
1 TL Schokoladensirup
1 TL Nescafé
3 Schuß Creme de Noyaux
2 EL Sahne
im shaker gut schütteln, in einen
Sektkelch füllen und mit Strohhalm servieren

Old Tom Frappé

2 EL Zitroneneis
$^2/_3$ Gin
$^1/_3$ Creme de Menthe
2 EL Sahne
im shaker gut schütteln, in einen
Sektkelch füllen und mit Strohhalm servieren

Raspberry Frappé

2 EL Himbeereis
1 TL Himbeersirup
4 Schuß Himbeergeist
1 TL Limejuice
im shaker gut schütteln, in einen
Sektkelch füllen und mit Strohhalm servieren

Peach Frappé

2 EL Pfirsicheis
1 Schuß Peach Brandy
$^1/_3$ Maplesirup
$^2/_3$ Weinbrand
2 EL Sahne

im shaker gut schütteln, in einen
Sektkelch füllen und mit Strohhalm servieren

Lemon Icecream Frappé

2 EL Zitroneneis
1 TL Limejuice
1 TL Puderzucker
1 Eigelb
$^3/_4$ Gin
$^1/_4$ Grenadine
2 EL Sahne
im shaker gut schütteln, in einen
Sektkelch füllen und mit einem
Strohhalm servieren

FÜR DIE FAMILIENFEIER

PUNSCHE

sind indischen Ursprungs und eine alkoholstarke Cobblerart, deren Grundsubstanz oft erst mit Zitrussäften geschüttelt wird, bevor sie in das Cobblereis gerührt und mit Soda, Ginger Ale, Wein oder Sekt aufgegossen werden. Das Früchtedekor ist willkürlicher. Fertig gemischte Punschessenzen gibt es in großer Zahl zu kaufen. Punsche sind wärmende Wintergetränke und daher in Skandinavien und an allen Skibars beliebt. Die heißen Punsche gehören in die Gruppe der Grogs und der Glühweine. Für Punsche gibt es eigene Gläser, und wo sie fehlen, ersetzt sie der mittelgroße tumbler.

Planters Punsch

1 TL Cointreau
1 TL Cognac
1 TL Grenadinesirup
1 TL Zuckersirup
$1/_3$ Zitronensaft
$2/_3$ Rum
im shaker mit einem Eiswürfel schütteln, über Cobblereis ins Punsch- bzw. Limonadenglas seihen, gut verrühren und mit Ananas, Orangen und Bananen garnieren, mit etwas Sodawasser aufgießen, mit Barlöffel und Strohhalm servieren

Fish House Punsch

1 TL Vanillesirup
1 TL Limejuice
1 TL Zitronensaft
$1/_5$ Jamaica Rum
$1/_5$ Bacardi Rum
$6/_{10}$ Weinbrand

$4/_{10}$ Peach Brandy
wie im Grundrezept verfahren, aber mit Ananas, Bananen und Kirschen garnieren und mit Soda aufgießen

Rocky Mountains Punsch

1 TL Zuckersirup
$1/_3$ Zitronensaft
$1/_6$ Maraschino
$1/_2$ Jamaica Rum
wie im Grundrezept verfahren, aber mit Ananas, Erdbeeren und Kirschen garnieren und mit Sekt aufgießen

Calvados Punsch

$1/_6$ Grenadinesirup
$1/_6$ Zitronensaft
$1/_6$ Orangensaft
$1/_2$ Calvados
wie im Grundrezept verfahren, aber mit Apfelwein aufgießen

Dutch Punsch

1 TL Zuckersirup
1 TL Limejuice
2 dashes Orangenbitter
2 dashes Maraschino
1 Cocktailmaß Genever
wie im Grundrezept verfahren,
aber mit Maraschinokirschen,
Grapefruitstücken und Orangen
garnieren und mit Soda aufgießen

Mississippi Punsch

1 TL Grenadinesirup
1 TL Ananassirup
$^1/_3$ Whiskey
$^1/_3$ Jamaica Rum
$^1/_3$ Weinbrand
wie im Grundrezept verfahren,
aber mit Orangen, Ananas und
Kirschen garnieren und mit kaltem grünem Tee aufgießen

Brandy Punsch

$^1/_6$ Grenadinesirup
$^1/_6$ Stock Orange Brandy
$^1/_6$ Orangensaft
$^1/_6$ Limejuice
$^1/_3$ Cognac
wie im Grundrezept verfahren,
aber mit Kirschen, Orangen und
Mandarinen dekorieren und mit
Soda aufspritzen

Himbeer Punsch

1 TL Zuckersirup
$^1/_3$ Himbeersirup
$^2/_3$ Himbeergeist
wie im Grundrezept verfahren,
aber mit Himbeeren, Erdbeeren
und Kirschen dekorieren und mit
Sekt aufgießen

Arrak Punsch

1 TL Zuckersirup
$^1/_3$ Ananassirup
$^2/_3$ Arrak
1 dash Vanillesirup
wie im Grundrezept verfahren,
aber mit Ananas, Kirschen und
Lychees dekorieren und mit Soda
aufgießen

Lugano Punsch

1 TL Zuckersirup
2 dashes Vanillesirup
$^1/_3$ Apricot Brandy
$^2/_3$ Apricotine
2 dashes Peachbitter
wie im Grundrezept verfahren,
aber mit Aprikosen und Pfirsichen garnieren und mit Sekt auffüllen

Milk Punsch

1 TL Puderzucker
2 dashes Vanillesirup
$^1/_3$ Weinbrand
$^1/_3$ Martinique Rum
$^1/_3$ Portwein
im shaker mit Fizzeis schütteln,
ins hohe Punschglas gießen, mit
Milch auffüllen und Muskatnuß
darüberstreuen

Bier Punsch

1 TL Zuckersirup
1/3 Zitronensaft
1/3 Sherry dry
1/3 Weinbrand
wie im Grundrezept verfahren,
aber mit einer Locke Zitronenschale, mit hellem Bier aufgießen
und mit Muskatnuß leicht überstreuen

Orgeat Punsch

1 dash Anisette
1/3 Orgeatsirup
    (eine Mandelmilch)
2/3 Armagnac

wie im Grundrezept verfahren
und mit Pflaumen in Armagnac,
Kirschen, Pfirsich und Bananen
dekorieren und mit etwas Soda
aufspritzen

Smyrna Punsch

2 TL Feigensirup
2 dashes Vanillesirup
1 Schuß Orzata
1 Cocktailmaß Arrak
wie im Grundrezept verfahren,
aber mit Kirschen, Weintrauben
und Bananen garnieren und mit
Soda aufspritzen

CUPS

sind eigentlich Punschbowlen, die man nicht individuell, sondern
für die ganze Runde mischt. Mit den Cobblers haben sie Ge-
schmacksrichtung und Früchte gemein, mit den Punschen Alkohol-
gehalt und Süße und mit den Bowlen die Gefäße. Nur brauchen
sie nicht wie diese Stunden vorher angesetzt zu werden. Man
schenkt sie aus einer Bowlenschale in Punschgläser oder tumbler.
Mit Barlöffel und Strohhalm servieren.

Claret Cup

1 Cocktailmaß Curaçao
1 Cocktailmaß Cognac
1 TL Zuckersirup
1 TL Zitronensaft
1 Flasche Bordeaux
in einer Bowlenschale mit 6 Eiswürfeln, je einem Eßlöffel Kirschen, Weintrauben und den feinen Scheiben einer halben Orange
rühren und mit Soda aufgießen

Sauternes Cup

1 Cocktailmaß Cordial Medoc
1 Likörglas Chartreuse gelb
1 Likörglas Maraschino
1 Flasche Haut Sauternes
in einer Bowlenschale mit 6 Eiswürfeln und den feinen Scheiben einer halben Orange, einer
halben Zitrone und einer halben
Grapefruit garnieren

Peach Cup

2 bis 3 Pfirsiche schälen und in
kleine Stücke schneiden, in einer
Schale mit
2 Likörglas Peach Brandy
1 Cocktailmaß Portwein
1 Cocktailmaß Armagnac
übergießen und für eine Stunde
in den Kühlschrank stellen. Zum
Servieren die Bowle umfüllen,
mit einer halben Flasche Mosel
und einer ganzen Flasche trockenem Sekt aufgießen

Champagner Cup

1 Likörglas Curaçao
1 Likörglas Cointreau
1/2 Cocktailmaß Sherry
1/2 Cocktailmaß Weinbrand
mit 2 aufgeschnittenen Pfirsichen
1 EL Kirschen
20 Weinbeeren
1/2 gescheibte Banane
sowie 6 Eiswürfeln verrühren und
mit einer Flasche eiskaltem Sekt
aufgießen. In jedes Glas einen

Minzezweig, der feucht durch
Zucker gezogen wurde

Red Wine Cup

6 reife Aprikosen entkernen, häu-
ten und kleinschneiden mit
2 Likörglas Apricot Brandy
2 Likörglas Barack Pàlinka
6 dashes Peachbitter beträufeln
1/2 Cocktailmaß Malaga
für eine Stunde zugedeckt in
den Kühlschrank stellen, in eine
Bowle umfüllen und mit einer
Flasche Tokajer und 2 Piccolo
Sekt auffüllen

Orange Cup

1 Cocktailglas Stock Orange
  Brandy
6 dashes Orangenbitter
1/2 Cocktailmaß Jamaica Rum
1/2 Cocktailmaß Cognac
den Saft von 3 Orangen
den Saft von 2 Zitronen
3 EL Ananasstücke
2 EL Ananassirup
mit 6 Eiswürfeln gut mischen
und mit 1 Flasche Sekt aufgießen

BOWLEN

Die Bowlen sind ein kühlender Weintrunk, hervorgegangen aus den
mittelalterlichen Kräuter- und Gewürzmixturen. Die Bowlen oder,
wie die Angelsachsen sagen, die Cups und die Punsche sind von
ähnlicher Struktur. Nur sind die Bowlen leichter und bedürfen stets
einer langen Vorbereitung, denn der Ansatz, eine Essenz aus Wein,
Alkohol, Früchten und Zucker muß Zeit haben zu digerieren, d. h.
sein Aroma zu lösen und auszutauschen.

Der Clou einer guten Bowle liegt auch in dem sehr feinen, die Wein-
konsistenz nicht ganz verdrängenden Aromahauch von Früchten,
Blüten, Kräutern oder schmackhaften Gemüsen. Sie ist also ein be-
schwingendes, unaufdringliches Getränk für die große Gesellschaft.
Deshalb sind Bowlen auch die am häufigsten angebotenen Gast-
getränke. Für eine gute, süffige, kühlende und weinige Bowle sind
frische Früchte, wie sie die Saison bringt, Voraussetzung. Gottlob
bieten unsere Märkte jetzt das ganze Jahr über eine Fülle davon.
Ein möglichst sauberer Wein sollte verhindern, daß die Gäste am
nächsten Tag mit üblem Magen und Kopfschmerzen erwachen. Für
den Ansatz der Bowle nimmt man am besten einen Glaskrug, der
sich abdecken läßt. Für die Bowle selbst nimmt man eine bauchige
Glasschale mit Deckel, die in einer Silberschüssel steht. Dabei muß
genügend Spielraum für eine Zwischenschicht aus zerkleinertem Eis
bleiben, denn eine Bowle soll zwar kalt, aber nicht durch Eis verwässert sein oder durch Unterkühlen die Weine ihres Aromas be-
rauben. Ist also in den folgenden Rezepten von Eisblöcken die
Rede, so müssen sie sofort nach dem Übergießen wieder entfernt
werden. Bei einer Bowle kann auch ein Teil des Sektes durch neu-
trales Selterswasser ersetzt werden; man sollte eine Bowle nicht ver-
längern.

Bowlen

Bismarck Bowle

1 EL Zucker
3 Cocktailmaß Zitronensaft
2 Cocktailmaß weißer Bacardi
Rum
2 Gläser Mineralwasser
2 bis 3 Stunden zugedeckt in den
Kühlschrank stellen. Vor dem
Servieren 8 Eiswürfel und 2 Fl
trockenen Sekt aufgießen

Champagner Bowle

in die Bowlenschale kommen
2 EL Puderzucker
2 TL Kirsch
2 TL Maraschino
1 TL Curaçao orange
6 EL Obstsalat
zugedeckt für 1 bis 2 Stunden in
den Kühlschrank stellen, dann 6
Eiswürfel und 1 Fl Champagner
sec auffüllen

Ford Bowle

In die Bowlenschale gibt man
3 EL Zucker
1¹/₂ Cocktailmaß Batavia Arrak
1¹/₂ Cocktailmaß weißer Rum
1 EL Limejuice
6 Rosenblätter
und läßt für 3 bis 4 Std. ziehen.
Zum Servieren 6 Eiswürfel und
2 Flaschen trockener Sekt

Jasminbowle

Genau wie **Ford Bowle**, aber mit
Jasminblüten an Stelle der Rosenblätter

Lily of the Valley Bowle

Wie **Ford Bowle**, aber Maiglöck-
chenblüten an Stelle der Rosenblätter

Violets Bowle

Wie **Ford Bowle**, aber mit Veil-
chenblättern an Stelle der Rosenblätter

Erdbeerbowle

200 g frische, nicht zu große Erdbeeren, am besten Walderdbeeren, in die Bowlenschale geben,
mit 2¹/₂ EL Karamelzucker überstreuen und mit Rotwein bedeckt
eine Stunde in Zimmertemperatur ziehen lassen. Dann den Rest
der angebrochenen Flaschen Rotwein und 1 Flasche Aßmanns-
häuser Spätburgunder dazugeben. Eine kurze Zeit kühlen. Zum
Servieren einen Eisblock in die
Schale geben und nun mit rotem
Sekt auffüllen

Brombeerbowle

Wie **Erdbeerbowle** ansetzen,
aber mit einem Schuß Blackber-

rybrandy und auch sonst verfahren wie **Erdbeerbowle**

Himbeerbowle

Wie **Erdbeerbowle**, jedoch mit
1 Schuß Himbeergeist ansetzen

Rote Pfirsichbowle

4 bis 6 frische Pfirsiche schälen
und geschnitzelt in die Bowlen-
terrine geben, mit Peach Brandy
abspritzen, mit 1 Schuß Barack
Pàlinka und 1 Glas Malaga übergießen, mit 2 EL Zucker überstreuen, 2 Stunden im Kühlschrank ziehen lassen, mit 2 Flaschen Bordeaux aufgießen und
im Zimmer temperieren (2 Stunden), dann mit 1 Flasche Sekt
mischen und servieren

Weichselbowle

200 g Sauerkirschen mit 3 EL
Zucker, 1 Schuß Maraschino und
2 Schuß Weinbrand ein bis zwei
Stunden ziehen lassen. Mit 2 Flaschen Burgunder chamberieren
lassen und vor dem Servieren
noch mit 1 Flasche Sekt auffüllen

Rote Johannisbeerbowle

Wie **Erdbeerbowle**, aber die
Früchte mit etwas Maraschino
und 1 Schuß Cassis abspritzen
und stärker zuckern

Ananasbowle

1 frische Ananas schälen, etwa 250 g in Würfel schneiden und leicht einzuckern, mit 1 Glas Rheinwein übergießen. Für 2 Stunden kühl und zugedeckt ziehen lassen, dann mit 2 Flaschen Weißwein, eventuell ein paar dash Vanillesirup und noch etwas Zuckersirup aufgießen und vor dem Servieren noch 1 Flasche Sekt zugeben

Apfelbowle

etwa 3 bis 4 säuerlichen Äpfeln das Kerngehäuse ausbohren, mit Apfelgelee und Zucker füllen und weichbraten, dann in ein Bowlengefäß umsetzen, mit 2 Schuß Calvados übergießen, mit etwas Zimt und abgeriebener Zitronenschale bestreuen und mit 1 Flasche würzigem Weißwein (Traminer oder Graves) übergießen. Mehrere Stunden ziehen lassen. Vor dem Auftragen noch 1 Flasche Wein und 1 Flasche Sekt dazugeben

Orangenbowle

Von 3 Orangen wird mit 8 Stück Zucker die Schale abgeraspelt, dann werden die Orangen geschält, zerteilt und entkernt, 2 weitere Orangen werden in Achtel zerschnitten und alles zusammen in der Terrine mit 1 EL Karamelzucker überstreut, mit etwas Cointreau abgespritzt und mit 1 Flasche Moselwein übergossen. Nachdem der Ansatz 2 Stunden gezogen hat, folgt eine zweite Flasche Mosel und vor dem Anrichten 1 Flasche Sekt

Mandarinenbowle

Wie **Orangenbowle**, aber mit Maraschino an Stelle von Cointreau und 1 Schuß Mandarinenlikör

Aprikosenbowle

6 bis 8 Aprikosen überbrühen, schälen und in Würfel schneiden, nur leicht zuckern, mit etwas Barack Pàlinka und Apricot Brandy abspritzen, möglichst mit 1 Flasche ungarischem Weißwein, sonst einem Sauternes oder einem spanischen Alella. Vor dem Servieren mit 2 Flaschen Sekt auffüllen

Bananenbowle

3 bis 4 reife Bananen dünn scheiben, mit 1 EL Limejuice, 1 Schuß Arrak, $\frac{1}{2}$ Flasche Weinbrand und 1 Flasche Traubensaft 2 bis 3 Stunden ziehen lassen. Vor dem Servieren mit 2 Flaschen Sekt aufgießen

Kirschbowle

250 g schwarze, süße Herzkirschen
2 EL Zuckersirup
2 Schuß Weinbrand
1 Flasche Orvieto
  (italienischer Weißwein)
einige Stunden zugedeckt im Kühlen ziehen lassen und vor dem Servieren 2 Flaschen Sekt zugeben

Cumquats Bowle

(bittere chinesische Zwergorangen, Konserve)
$1/_2$ Dose aufgeschnittene
    Cumquats
1 EL Sirup
1 Weinglas Madeira
1 Schuß Weinbrand
1 Flasche Rheinwein
alles zusammen 2 Stunden ziehen lassen. Vor dem Servieren
mit 2 Flaschen Sekt aufgießen

Lychee Bowle

1 Dose Lychees
    (eine chinesische Frucht)
1 EL Arrak
1 Glas Sherry
1 Liter Rheinwein
für 2 bis 3 Stunden kühl und zugedeckt ziehen lassen und vor
dem Servieren mit 2 Flaschen
Sekt auffüllen

Weiße Pfirsichbowle

3 große reife Pfirsiche schälen
und fein aufschneiden, mit etwas
Zuckerlösung und einem Schuß
Peachbrandy, einem Cocktailmaß
Weinbrand und einer Flasche
Graves oder einem blumigen Mo-
sel übergießen und 1 bis 2 Stun-
den zugedeckt kühl ziehen lassen.
Vor dem Servieren noch mit einer
Flasche Wein und einer Flasche
Sekt auffüllen

Akazienbowle

Einige Akazienblüten, von den
Stielen gestreift, werden in einer
Glasschüssel mit 2 Schuß Weinbrand beträufelt und ganz leicht
mit Zucker überstreut. Mit 2 Flaschen Mosel $1/_2$ Stunde ziehen
lassen. Dann in die Bowlenschale
abseihen und mit trockenem Sekt
auffüllen

Waldmeisterbowle

In die Bowlenschale kommen 3
Flaschen Heuriger Weißwein, in
dem man 1 Apfelsinenscheibe
und 1 Sträußchen Waldmeister
mit den Köpfen nach unten, ohne
die Stiele eintauchen zu lassen,
etwa 20 bis 30 Minuten ziehen
läßt. Wenn der Wein genug Aroma gezogen hat, werden der
Waldmeister und die Orangenscheibe entfernt und alles mit
einer Flasche Sekt aufgefüllt

Lindenblütenbowle

Wie **Waldmeisterbowle**, aber mit
Lindenblüten, ohne Stiel und
Blätter

Maiblätterbowle

$1/_2$ Büschel Waldmeister
ein paar frische Pfefferminz-
    blätter
ein paar Johannisbeerbusch-
    blätter
1 Zitrone in Scheiben geschnitten
2 Flaschen junger Pfälzer Wein
läßt man zusammen $1/_2$ Stunde
lang ziehen, seiht ab und füllt
vor dem Servieren mit 1 Flasche
Sekt auf

Teebowle

¹/₄ l Darjeelingtee
2 EL Kandiszucker
1 Zitronenspirale
1 Schuß Zitronensaft
müssen ziehen, bis der Würfelzucker gelöst ist, dann wird der
Ansatz in der Bowlenschale über
Eiswürfel geseiht und mit 2 Flaschen Sekt aufgefüllt. Diese Tee-
bowle kann in der Kombination
Ceylontee und Orange an Stelle
der Zitrone oder grünen chinesischen Tee mit etwas Pomeran-
zenschale und Zitronensaft haben

Resedabowle

1 Handvoll Resedablüten ohne
Blätter und Stiel mit 1 Schuß
Weinbrand, einem dash Arrak
und einer Flasche jungem Mosel
in der Kühle ziehen lassen, in die
Bowlenschale abseihen und mit
einer weiteren Flasche Mosel sowie einer Flasche Sekt auffüllen
und servieren

Weinblütenbowle

1 Handvoll Weinblüten
mit 2 Schuß Weinbrand
und 2 Flaschen Moselwein
eine Viertelstunde ziehen lassen,
in ein Bowlengefäß mit einem
Eisblock abseihen und mit 1 Flasche Sekt auffüllen und servieren

Holunderblütenbowle

1 große Dolde Holunderblüten
  wird mit
2 Schuß Arrak
1 EL Limejuice
1 Schnitz Zitronenschale
1 EL Zucker
2 Fl Wachauer Weißwein
angesetzt, 4 bis 5 Stunden ziehen
lassen, dann den Ansatz in ein
Bowlengefäß mit Eisblock seihen
und mit einer Flasche Sekt aufgießen

GEMÜSE-BOWLEN

Weiße Selleriebowle

1 große halbe oder 1 kleine ganze
Sellerieknolle schälen und fein
scheiben. Mit 1 TL Zucker überstreuen und 1 guten Schuß Arrak
hinein. Dazu 2 Flaschen herben
Pfalzwein und so zugedeckt 1 bis
2 Stunden ziehen lassen. In die
Bowlenschale mit einem Eisblock
abseihen und mit 1 Flasche Sekt
aufgießen und servieren

Rote Selleriebowle

Wie **Weiße Selleriebowle**, aber
mit Rum und ganz trockenem
Bordeaux ansetzen und mit einem
roten Sekt auffüllen

Weiße Gurkenbowle

1 frische Salatgurke schälen und
auf Bitterkeit prüfen, entkernen
und in kleine Würfel schneiden,
1 Schuß Tequila
2 Glas trockenen weißen Portwein
2 Flaschen weißen Silvaner
alles zusammen 2 Stunden ziehen lassen. In ein Bowlengefäß
mit Eisblock seihen und mit 1
Flasche Sekt aufgießen

Rote Gurkenbowle

Wie **Weiße Gurkenbowle**, aber
mit
1 Schuß Maraschino
1 Glas Sherry
2 Flaschen Bordeaux
ansetzen. Nach einer Stunde ins
Bowlenglas mit einem Eisblock
abseihen, die Gurkenstücke aus-
pressen und mit einer Flasche
Rosé-Sekt aufgießen

Papayabowle

1/2 Dose Papayas in Sirup (eine
mexikanische Kürbisfruchtkon-
serve), 2 Glas Madeira und 2 Flaschen nicht zu süßen Sauternes
eine Stunde im Bowlenglas kühl
ziehen lassen, 1 Eisblock dazugeben und mit 1 Flasche trockenem
Sekt aufgießen

Weiße Melonenbowle

1/2 reife Guadeloupe-Melone

schälen, entkernen und würfeln.
Mit 1 Löffel Karamelsirup und 1
Glas Portwein übergießen. 1 Fla-
sche Tokajer dazugeben und 2
Stunden ziehen lassen, einen Eis-
block hinzu und mit 2 Flaschen
Sekt aufgießen

Rote Melonenbowle

1/2 reife ungarische Netzmelone
schälen, entkernen und würfeln,
mit 1 Löffel Zuckersirup übergießen, mit 1 Glas Weinbrand und
1 Flasche Rosé (Anjou) 2 Stunden ziehen lassen. Dann einen
Eisblock in die Bowlenschale geben und mit 2 Flaschen Rosé-Sekt
aufgießen

Rumbowle

3 Cocktailmaß Ananassaft, den
Saft von 6 Orangen und 6 Zitronen
3/4 Tasse Puderzucker
2 geviertelte, geschälte Pfirsiche
1 Handvoll Erdbeeren
1 Handvoll Ananasstücke
1 Banane in Scheiben
2 Schuß Curaçao
1 1/2 Flasche Martinique-Rum
alles zusammen 2 Stunden ziehen lassen, dann in ein Bowlengefäß mit einem Eisblock setzen
und 4 Flaschen Ginger Ale hinzufügen

KALTE ENTE

Pfälzer Wein Ente

In einer Glasschale werden 2 sehr dünn abgeschnittene Zitronenschalen gelegt und 2 EL Zucker darübergestreut, dazu 2 l spritzigen, jungen Pfälzer Wein. Dieser Ansatz wird nach 20 Minuten in eine Bowlenschale mit einem Eisblock geseiht und mit 1 Flasche herbem Sekt aufgegossen

Moselwein Ente

Mit Moselwein an Stelle des Pfälzer Weins und ohne jeden Zucker bekommt die **Kalte Ente** einen ganz anderen, aber sehr bekömmlichen Charakter

Portwein Ente

Reibt man etwa 8 Zuckerwürfel an 2 Zitronenschalen ab und gibt 1 Löffel Orangensaft und 1 Flasche hellen Portwein dazu und gießt alles nach 2 Stunden mit 2 Flaschen Sekt über einem Eisblock in die Bowlenschale, dann wird die Kalte Ente sehr reich, aber auch sehr schwer

Rheinwein Ente

Mit schwerem Rheinwein und einem halbtrockenen Sekt wird die **Kalte Ente** voller, hinterläßt aber auch eine größere Tiefenwirkung

Rote Ente

Diesmal werden eine Zitronenschale und eine Orangenschale mit je 1 Stück Zucker abradiert und mit 2 Flaschen Burgunder in das Bowlengefäß gegossen. Nach kurzem Stehen folgt ein Eisblock und eine Flasche roter Sekt

Kalte Sherry Ente

Die mit je 5 Stück Würfelzucker abgeriebene Schale von 2 Zitronen wird mit 1 Flasche Sherry übergossen und nach 2 Stunden in die Bowlenschale mit einem Eisblock geseiht, mit 2 Flaschen Sekt demi sec auffüllen

BISHOPS

Archbishop Punsch

3 Orangen mit je 2 Nelkennägeln spicken, in einer Kasserolle kochen, bis sie braun werden. In Achtel zerschneiden, mit 3 bis 4 EL Zucker überstreuen, mit 2 TL Cusenier und 3 Flaschen Bordeaux übergießen und im Ofen ziehen lassen, bis der Wein heiß geworden ist, dann in vorbereitete heiße Punschgläser füllen

Bishop

Ein großer tumbler wird mit geschabtem Eis und verschiedenen
Früchten gefüllt. Kirschen, Pfirsiche und Trauben. Dann werden
im shaker
1 TL Zuckersirup
1 TL Limejuice
1 EL Orangensaft
2 Tropfen Jamaica Rum
und 1 Glas Burgunder miteinander geschüttelt und über Früchte
und Eis gegeben

Bishop Cooler

In einem Glaskrug werden
2 EL Zitronensaft
2 EL Zucker
3 dashes Angostura
1 Orange
1 Zitrone in dünnen Scheiben
1 Flasche Burgunder
1 Flasche Portwein
verrührt und zugedeckt. Für 2
Stunden in den Kühlschrank geben. Dann kommt die Mischung
in eine Bowlenschale mit Cobblereis und verschiedenen Früchten:
Erdbeeren, Ananas, Bananen,
Kirschen. Mit Tonic Water aufspritzen

SHRUBS

Sie stehen zwischen Cobblers und konzentrierten Punschen. Sie
sind wie eine Bowle aufgebaut und können sich mit Soda in fruch-
tige Aperitifs verwandeln, während sie mit kochendem Wasser eine
Abart der Grogs sind. Ihre verschiedenen Möglichkeiten bedingen
verschiedene Gläser. Immer Strohhalme und Barlöffel dazu reichen.
Die Basis aller Shrubrezepte, die sie von Punschen, Cobblers und
Grogs unterscheiden, ist ein Extrakt, der eine Woche ziehen muß.

Brandy Shrub

$1/2$ l Zuckersirup
den Saft von 3 Zitronen
1 Flasche Cognac
$1/2$ Flasche Pale Sherry
dazu von 2 Zitronen die dünne

ganze Schalenspirale. So muß es
in einer gutverschlossenen Glasschale oder in einem kleinen Bal-
lon 1 Woche ziehen, bevor man
die Essenz als Vorrat auf Flaschen filtriert

Rum Shrub

Für diesen Extrakt nimmt man
1/2 l Zuckersirup
den Saft von 6 Orangen
den Saft von 3 Zitronen
1/8 l Ananassirup
1 Flasche Bacardi Rum
1 Flasche Robinson Rum
die Spirale von 1 Zitrone und 2
Orangen
wie bei **Brandy Shrub** verfahren

Gin Shrub

1/2 l Zuckersirup
den Saft von 3 Orangen
den Saft von 3 Zitronen
1 1/4 l Gin
1/2 l Portwein
dazu die Spiralen von 2 Orangen
und 2 Zitronen

China Shrub

3 EL Zucker
3 EL Lycheesaft
1 TL Creme de Vanille
2 TL Limejuice

3 Cocktailmaß Schwedenpunsch
5 Cocktailmaß Arrak
gut verrühren und für 8 Tage auf
Flaschen ziehen. Dann in tumbler
mit viertelvoll Cobblereis füllen
und mit verschiedenen Früchten
wie Lychees, Kirschen, Mirabellen
garnieren. Mit Strohhalm und
Löffel servieren

Kirsch Shrub

3 EL Bénédictine D.O.M.
3 EL Maraschino
2 Cocktailmaß Ananassaft
2 Cocktailmaß Cherry Brandy
2 Cocktailmaß Kirschwasser
wie bei **China Shrub** verfahren

Martinique Shrub

3 EL Curaçao orange
3 EL Ananassirup
3 EL Limejuice
3 Cocktailmaß Grand Marnier
5 Cocktailmaß Martinique Rum
wie bei **China Shrub** verfahren

FIXES

Sie sind morgens und abends erfrischend und regen den Appetit an.
Einerseits sind sie süßer als die Punsche, andererseits männlicher
als Cobblers. Um sie zu mischen, löst man zuerst den Zucker im
kleinen tumbler mit Zitronensaft gut auf. Dann folgen die Alkoholica und erst zum Schluß reichlich Cobblereis, mit dem alles verrührt wird. Fixes werden nur mit einer Zitronenscheibe dekoriert
und mit Strohhalm serviert.

Brandy Fix

1 TL Puderzucker
$^1/_6$ Zitronensaft
$^2/_3$ Curaçao
1 Übermaß von $^2/_3$ Cognac
wie im Grundrezept verfahren

Gin Fix

1 TL Puderzucker
$^1/_6$ Zitronensaft
$^1/_6$ Sherry Brandy
$^2/_3$ Gin
wie im Grundrezept verfahren

Rum Fix

1 TL Puderzucker
$^1/_6$ Zitronensaft
$^1/_6$ Cointreau
$^2/_3$ Bacardi Rum
wie im Grundrezept verfahren

Whiskey Fix

1 TL Puderzucker
1 TL Limejuice
$^1/_3$ Zitronensaft
$^2/_3$ Bourbon-, Rye- oder
   Canadian Whiskey
wie im Grundrezept verfahren

Normandie Fix

1 TL Orangenblütenhonig
1 TL Limejuice
$^1/_3$ Cocktailmaß Armagnac
$^2/_3$ Calvados
wie im Grundrezept verfahren

Batavia Fix

1 TL Staubzucker
1 TL Ananassirup
4 dashes Zitronensaft
1 Cocktailmaß Armagnac
wie im Grundrezept verfahren

Tequila Fix

1 TL Blütenhonig
2 TL Limejuice
2 dashes Curaçao orange
1 Cocktailmaß Tequila
wie im Grundrezept verfahren

Wodka Fix

1 TL Puderzucker
1 TL Himbeersirup
3 dashes Zitronensaft
$^1/_3$ Himbeergeist
$^2/_3$ Wodka
wie im Grundrezept verfahren

FÜR DIE HERBST- UND WINTERZEIT

HEISSE GETRÄNKE

Was kann man gegen das Vorurteil tun, heiße Getränke könne man nur in kalter Jahreszeit, in nebliger Umgebung und als Seebär trinken? Als ob man sich nicht auch in den Tropen und im Sommer erkälten könnte! Heiße Getränke als Seelendurchwärmer haben das ganze Jahr Saison, und es finden sich immer Gründe, um einer Erkältung vorzubeugen.

Für heiße Getränke sollte man geeignetes Geschirr haben. Feuerfeste Tonkrüge, einen gutschließenden Emailletopf — am besten eine kupferne Feuerzangen-Bowle. Was auf dem Feuer bereitet wird, sollte auch warm gehalten werden. Man vermeide jedoch zu große, offene Spiritusflammen und benütze lieber einen elektrischen Rechaud. Ein bewährtes Gerät, große und kleinere Mischungen zu erhitzen, ist ein Tauchsieder.

PUNSCHE

Ein wichtiges Amt der Brahmanen-Priester ist es seit undenklichen Zeiten, Heilmittel gegen das Ungemach und in religiösen Rausch versenkende Getränke zu brauen. Stets sind dazu, wie es auf hindustanisch heißt, »pantsch«, fünf Elemente nötig: Feuer, Wasser, Weingeist, Zucker und Gewürze. Die Welt verdankt diesem Umstand die Kenntnis der Punschbereitung, und man zählte in England zu Ende des 18. Jahrhunderts über 5000 Rezepte. Punsche schmecken kalt und heiß. Es sind Magen- und Herzenswärmer, eben eine Priestermedizin gegen inwendiges und auswendiges Frösteln. Punsch bannt die schleichenden Gemütsgifte und Schlechtwettergeister, und weil er selbst ein Geist ist, verlangt seine Bereitung die Sorgfalt einer sakralen Handlung und die Beachtung vieler Regeln.

1. Nur hochwertigen reinen Original-Rum oder Echten Rum verwenden. Keine gepanschten Weine und nicht zuviel Likör. Sie sind die häufigste Ursache der gefürchteten Magen- und Kopfkater.
2. Nur frisches Wasser (besser Bier), guten Tee und Wein oder Ginger Ale nehmen. Für das Mischverhältnis sollte folgender Maß-

stab gelten:
auf 1 l Wasser:
$^1/_4$ bis $^1/_3$ l hochprozentiger Alkohol
oder auf 1 l Wasser:
$^1/_2$ l einfacher Alkohol
und zum Würzen:
auf 1 l Punsch 2 Stangen Zimt, 1 Nelke und 150 g Zucker.

3. Allzu süß sollten Punsche nicht sein. Man läßt die Gäste lieber nachzuckern, denn klebrige Punsche können unangenehme Folgen haben.

4. Nicht zuviel würzen, denn Punsche sollen zwar kraftvoller schmecken als die blumigen Weinbowlen, aber nicht wie Pfefferkuchen. Orangen- oder Zitronenschalen möglichst mit Würfelzucker abreiben, denn die ätherischen Öle fangen sich im Zucker.

5. Punsch darf nie zum Kochen kommen, nur durch langsames Erhitzen bis zum Siedepunkt. Immer zugedeckt erhitzen und auch nachher auf mildem Rechaud warm halten. Feuerfeste Keramik- oder Emailletöpfe, besser noch kupferne Feuerzangen-Bowlen benützen, wenn man keine spezielle Punschterrine besitzt.

6. Die Gläser immer erst heiß ausschwenken und einen silbernen Löffel, besser eine Gabel, hineingeben, die vor dem Zerspringen schützt. Punschgläser fassen 180 bis 220 ccm, also 4 Cocktailgläser oder 10 Likörgläser. Punschgläser müssen feuerfest sein und sollen einen Henkel haben. Zur Not genügt ein dickes Stielglas oder ein fester tumbler.

7. Warmen Punsch trinkt man zum Hightea, wenn man vom Skilaufen kommt, beim Feiern in der Weihnachtszeit, an Silvester, am Clubabend der Herren und schließlich beim herbstlichen Bridge- oder Skatabend. Man ißt zum Punsch in erster Linie Faschingskrapfen, die zuckrig übergossenen Berliner Pfannkuchen, rheinische Muzen, böhmische Marillenknödel, Guglhupf, Stollen oder russische Baba. Jedenfalls süßes Gebäck, Honigkuchen und kandierte Früchte.

8. Punsch ist ein Festgetränk, aber auch ein individueller Bartrunk, darum gibt es sowohl für einzelne Portionen als auch für eine ganze Gesellschaft Punschrezepte ... Die nachfolgenden sind, so gut es geht, für 6 bis 8 Personen bzw. für 15 bis 20 Gläser berechnet.

Bleibt Punsch übrig, dann kann man ihn abgeseiht auf Flaschen ziehen. Das ergibt ein wundervolles Getränk zum Dessert.

Punsche
für einzelne Portionen

Netherland Punsch

1 Cocktailmaß Genever
1 Schuß Rum
2 TL Puderzucker
1 Prise Zimt
1 Prise gemahlene Nelke
verquirlen und mit heißem Ceylontee auffüllen, im vorgewärmten Punschglas mit einer Orangenschale und Löffel servieren

Kirschwasser Punsch

1 TL Zucker
1 Cocktailmaß Kirschwasser
2 Likörgläser Kirschsaft
1 dash Maraschino
alles zusammen bis vor dem
Siedepunkt erhitzen und die Mischung im vorgewärmten Punschglas mit einem Löffel servieren

Jagdpunsch Nr. 1

2 TL Zucker
1 TL Zitronensaft
1 Glas Muskateller weiß
2 TL Arrak
verfahren wie bei **Kirschwasser
Punsch**

Jagdpunsch Nr. 2

1 TL Zucker
1 TL Zitronensaft
1 Glas Sherry
1 Schuß Arrak
verfahren wie bei **Kirschwasser
Punsch**

Orangen Punsch

1 TL Karamelzucker
1 Cocktailmaß Orangensaft
1 Schuß Jamaica Rum
verfahren wie bei **Kirschwasser
Punsch**

Genova Punsch

1 TL Zucker
$2/_3$ Aquavit
$1/_3$ Kirschwasser
1 Schuß Jamaica Rum
1 Stück Zitrone
etwas kochendes Wasser
verfahren wie bei **Kirschwasser
Punsch**

Mandarinen Punsch

1 TL Zucker
1 Likörglas Mandarinenlikör
2 Likörglas Weinbrand
1 Zitronenschnitz
1 Schuß kochendes Wasser
verfahren wie bei **Kirschwasser
Punsch**

Negrita Punsch

1 TL Zucker
1 Zitronenschnitz
2 TL Armagnac
1 TL Ananassaft
1 Cocktailmaß Negrita Rum
1 Schuß kochendes Wasser

Sun Punsch

1 TL Zucker
1 Zitronenschnitz
$1/_2$ Cocktailmaß Korn
1 TL Enzian
1 Schuß Creme de Menthe
1 Schuß kochendes Wasser

United Service Punsch

1 TL Zucker
1 TL Zitronensaft
3 TL Batavia Arrak
1/2 Cocktailmaß weißer Portwein
1/2 Cocktailmaß heißer Ceylontee

Douro Punsch

1 TL Zucker
1/2 Cocktailmaß Portwein
1/2 Cocktailmaß Sauternes
1 Schuß Negrita Rum
1 Schuß kochendes Wasser

Sizilien Punsch

ein paar Stück Kandiszucker
1 Cocktailmaß trockener Marsala
1 Schuß Arrak
1 dash Vanillesirup
1 guter Schuß kochendes Wasser

Ananas Punsch

1 EL Ananaswürfel
1 TL Zucker
2 TL Zitronensaft
1 Cocktailmaß Batavia Arrak
1 guter Schuß heißes Wasser

Bananen Punsch

1 EL Bananenscheiben
1 TL Karamelzucker
2 TL Bananenlikör
1 TL Zitronensaft
1 Cocktailmaß Batavia Arrak
1 guter Schuß kochendes Wasser

Lychee Punsch

1 EL Lycheefrüchte (Konserve)
1 TL Zucker
2 TL Lycheesaft
1/2 Cocktailmaß trockener Sherry
1/2 Cocktailmaß Arrak
1 guter Schuß kochendes Wasser

Ingwer Punsch

2 TL Ingwersirup
1 TL Zitrone
etwas abgeriebene Zitrone
1 Schuß Weinbrand
1 Cocktailmaß Arrak
1 guter Schuß kochendes Wasser

Erdbeer Punsch

1 EL Walderdbeeren (Konserve)
1 TL Erdbeersirup
2 TL Maraschino
1/2 Cocktailmaß Weinbrand
1 Scheibe Zitrone
1 guter Schuß kochendes Wasser

Himbeer Punsch

1 EL Himbeeren (Konserve)
1 TL Himbeersirup
1 Scheibe Zitrone
1 Cocktailmaß Himbeergeist
1 guter Schuß kochendes Wasser

Imperial Punsch

1 Cocktailmaß Orangensaft
1/3 Cocktailmaß Kirschwasser
2/3 Cocktailmaß Curaçao
1 dash Orangenbitter
mit einem guten Schuß kochendem Wasser aufgießen

Maraschino Punsch

1 Zitronenschnitz
1 Cocktailmaß Maraschino
mit einem Glas heißem Rheinwein
auffüllen

Ladies Punsch

1 Schuß Curaçao
1 Scheibe Orange
1 Cocktailmaß dunklen Portwein
mit einem guten Schuß kochendem Wasser aufgießen

Orangen Punsch

1 Orangenscheibe
$^1/_3$ Cocktailmaß Orangensaft
$^2/_3$ Orange Brandy (Stock)
mit heißem Ceylontee aufgießen

Milk Punsch

1 TL Zucker
1 Schuß Cognac
1 Schuß Rum
2 Schuß Grand Marnier
mit heißer Milch auffüllen

Schweden Punsch

1 Zitronenschnitz
$^1/_3$ Cocktailmaß Zitronensaft
1 Cocktailmaß Schwedenpunsch
mit einem guten Schuß kochendem Wasser auffüllen

Schlummer Punsch

1 TL Zucker
2 TL Zitronensaft
3 dashes Mandarinenlikör
1 Cocktailmaß Arrak

mit einem guten Schuß kochendem Wasser auffüllen

Whiskey Punsch

1 TL Zucker
1 EL Zitronensaft
1 TL Kirschsaft
1 Cocktailmaß Rye Whiskey
mit einem guten Schuß kochendem Wasser auffüllen

Punsche
für ganze Gesellschaften

Honig Punsch

2 l Wasser
500 g Blütenhonig
$^1/_2$ l Arrak
1 Orange
1 Zitrone
1 Prise Zimt
1 Nelkenkopf
Die Schalen der Früchte, Gewürze
und Honig mit dem Wasser aufkochen, abschäumen und abseihen, dann den Saft der Orange,
der Zitrone und den Arrak dazugeben

Bier Punsch

6 Eigelb mit kaltem Bier und
1 Cocktailmaß Arrak verrühren
pro Glas 2 TL Bier
3 EL Zucker
1 Prise Zimt
kurz aufkochen
mit der Eimischung verrühren
und in vorgewärmte Punschgläser
füllen

Good Night all Punsch

1 l dunkles Bier
3 EL Honig
1 Msp weißer Pfeffer
1 Prise Nelkenpulver
1 Stück Zimtrinde
1 TL Ingwersirup
am Tag vorher das Bier, den
Honig und den Ingwer durch Erhitzen vermischen. In einem Leinensäckchen die Gewürze darin
ziehen lassen. Vor dem Servieren
wieder erhitzen, den Beutel entfernen und in vorgewärmte
Punschgläser verteilen

Aztec Punsch

1 Flasche Tequila
$^1/_2$ Dose Grapefruitjuice
1 Weinglas Zitronensaft
2 EL Limejuice
1 Stück Zimtrinde
mit 2 Tassen starkem, heißem
Tee erhitzen

English Royal Punsch

$^1/_2$ Tasse Zucker
1 Zitrone in Scheiben
3 EL Limejuice
1 l grüner chinesischer Tee
1 l Weinbrand
$^1/_4$ l Bacardi Rum
2 Schuß Curaçao
2 Schuß Arrak
alles zusammen verrühren.
Diese Mischung erhitzen, aber
nicht kochen lassen

Christmas Punsch

6 Orangen werden jeweils mit
einem Nelkennagel gespickt und
im Rohr gebacken, bis sie weich
sind. Danach kommen sie in das
Bowlenglas, werden mit Zucker
überstreut und mit Rum übergossen. Der Rum wird angezündet und nach einigen Minuten mit
1 Liter heißem Apfelsaft gelöscht.
Nach Geschmack 1 Prise Zimt
und Muskatnuß, ehe der Punsch
in vorgewärmte Gläser gefüllt
wird

Silvester Punsch

500 g Kandiszucker
1 Flasche Burgunder
1 Flasche Rheinwein
2 Cocktailmaß Arrak
1 Zitrone
den Zucker in heißem Wasser
lösen, mit den anderen Zutaten
noch einmal erhitzen und durch
ein Sieb in vorgewärmte Punschgläser füllen

Brahmanen Punsch

1 Cocktailmaß Zitronensaft
250 g Zucker
1 Stück Vanilleschote
1 abgeriebene Zitronenschale
müssen für zwei Stunden zugedeckt ziehen, werden mit einer
Tasse abgekochter Milch, mit
zwei Tassen Wasser und $1^1/_2$ Flaschen Arrak vermischt und bis
zum nächsten Tag abgestellt. Die
Mischung wird dann filtriert und
zum Servieren erhitzt

Japanischer Teepunsch

100 g Kandiszucker
100 g Karamelzucker
1 über Zucker abgeriebene Zitronenschale und 4 Tassen Jasmin-
tee
1 Flasche Moselwein
1 Flasche Reiswein
werden zusammen bis vor den
Siedepunkt erwärmt. In vorgewärmten Punschgläsern servieren

Chinesischer Teepunsch

der Saft von 2 Orangen
und 1 Tasse Lycheesirup (Konserve)
200 g brauner Kandiszucker
1 Weinglas Kirschwasser
1 Weinglas Arrak
1 Vanilleschote
werden miteinander angesetzt
und bleiben zugedeckt stehen, bis
der Zucker gelöst ist. 2 Flaschen
Rheinwein und 1 Liter duftender
grüner Tee (kein Rauchtee) mit
abgeriebener Orangenschale bis
vor den Siedepunkt erhitzen, mit
dem Ansatz vermischen und den
Punsch durch ein Sieb in die
heißen Gläser füllen

Indischer Teepunsch

in 1 Liter Darjeelingtee werden
200 g Kandiszucker aufgelöst und
zusammen mit 1 Flasche spani-
schem Rotwein, $1/_2$ Flasche wei-

ßem Martinique Rum und dem
Saft von 2 Orangen bis kurz vors
Kochen erhitzt und gleich in die
vorgewärmten Punschgläser gefüllt

Klabautermann Punsch

1 Flasche Portwein
150 g Karamelzucker
$1/_2$ Flasche Arrak
$1/_2$ Flasche Wasser
werden zusammen erhitzt, und
wenn der Zucker gelöst ist, in
die vorbereiteten heißen Punschgläser gefüllt

Schloß Punsch

2 Flaschen Rheinwein werden mit
3 bis 4 EL Karamelzucker erhitzt,
dann folgt eine Flasche Madeira,
die man mit erwärmt. Kurz vor
dem Servieren kommt noch eine
Flasche Sekt hinzu

Hawaii Punsch

250 g Karamelzucker
1 Glas Ananassaft
1 Tasse Ananasstücke
$1/_4$ l Arrak
1 Glas Madeira
$1/_2$ l starker Tee
2 Flaschen Muskatellerwein
alles zusammen erhitzen und in
vorgewärmte Gläser füllen

Hot Irish Punsch

der Saft von 2 Zitronen
die Schale von 1 Zitrone
100 g Zucker
100 g Honig
1 l heißes Wasser
werden miteinander verrührt,
dazu kommt 1 Prise Zimt und
etwas Muskatnuß,
2 Flaschen Irish Whiskey.
Bis an den Siedepunkt erhitzt,
wird der Punsch in vorgewärmte
Gläser umgefüllt

Puerto Rico Punsch

200 g Karamelzucker
1 Flasche Puerto Rico Rum
1/2 Flasche Weinbrand
1 Cocktailmaß Aquavit
1 Cocktailmaß Bénédictine
  D.O.M.
1 Zitronenschale
1/2 Grapefruit in Scheiben
werden mit 1 1/2 l Wasser bis zum
Siedepunkt erhitzt und in vorbereitete heiße Gläser gefüllt

Guard's Man's Punsch

100 g Zucker
die Schale 1 Zitrone
1 l frischer grüner Tee
1 Flasche Portwein
1 Weinglas voll Weinbrand
1 Flasche Scotch Whisky
werden bis zum Sieden erhitzt
und in erwärmte Punschgläser
gefüllt

Demidoff Punsch

200 g weißer Kandiszucker
werden in 1/2 l heißem Wasser gelöst. Dann kommen eine auf Zuk-
ker abgeriebene Zitronenschale,
2 Glas Pfirsichsaft, 1 Cocktailmaß
Peach Brandy, 1 EL Limejuice,
2 Flaschen weißer Bordeaux, 1/2
Flasche weißer Rum; alles wird
zusammen erhitzt. Vor dem Verteilen des Punsches gibt man noch
1 Flasche Sekt dazu

Jenny Lind's Punsch

200 g Karamelzucker
1 mit Zucker abgeriebene Orangenschale
der Saft von 2 Orangen
das Ausgeschabte 1/2 Vanilleschote
2 Flaschen Rheinwein
werden erhitzt, so daß sich der
Zucker löst. Zum Schluß kommt
1/4 l Madeira hinzu und 1 Flasche
Sekt. Der Punsch muß schnell in
erwärmte Gläser verteilt werden

Sleep Well Punsch

2 Orangen werden im Backrohr
weich und braun geröstet, in die
Bowlenschale gelegt und mit
einem Sud (gekocht aus 1 Tasse
Wasser, 1 EL Ingwersirup, 1 EL
Limejuice, je 1 Prise Muskatnuß,
Zimt, Nelke und 3 EL Karamelzucker) übergossen. Dann folgen
2 Flaschen erhitzter Portwein, mit
dem alles etwas ziehen muß, bevor der Punsch in gewärmte Gläser abgeseiht wird

Sherry Punsch

100 g Kandiszucker in $1/2$ l leichtem Tee lösen, die abgeriebene Schale und der Saft 1 Zitrone, $1/2$ l Sherry und $1/4$ l Arrak kommen hinzu, und alles zusammen wird bis vor den Siedepunkt erhitzt und in vorgewärmte Punschgläser gefüllt

German Beer Punsch

1 Trinkei mit 1 TL Zucker, 1 Prise Zimt und 1 Hauch Nelkenpulver schaumig rühren, 1 Cocktailmaß weißer Rum (White Clipper), 4 Cocktailmaß helles Bockbier dazu und nach dem ersten Aufwallen den Bierschaum abheben. Die Creme durchschlagen, in heißen tumbler füllen und mit Löffel servieren

Westfälischer Bierpunsch

1 l Champagnerbier
125 g zerriebener Pumpernickel
175 g Zucker
175 g geriebene Bitterschokolade zusammen erhitzen, bis der Pumpernickel weich ist, einmal aufwallen lassen, durch ein Haarsieb streichen, mit 1 Ei abziehen, heftig quirlen und in heißen tumblern mit einem Löffel servieren

Sack Posset

1 Flasche Sherry trocken und
1 Flasche Ale erhitzen, 1 l Milch

mit 1 Prise Muskatnuß erwärmen, beide Teile kräftig mischen und für 2 bis 3 Stunden am Ofenrand ziehen lassen, danach in heißen tumbler seihen und mit Löffel servieren

Glöggs

Glögg Nr. 1

1 TL Portwein
1 TL Burgunder
1 TL Aquavit
1 Leinensäckchen
 mit 2 Zimtrinden
2 Nelken. Alles in einer Kasserolle erhitzen.
In die vorgewärmten Punschgläser je ein paar Rosinen (vorher in Rum quellen lassen) und eine Mandel legen. Mit der heißen Mischung übergießen und mit einem Löffel servieren

Glögg Nr. 2

3 dashes Angostura
100 g Karamelzucker
1 Flasche würziger Weißwein
 (Gumpoldskirchner)
1 Flasche Sherry trocken
$1/2$ Flasche Weinbrand
im übrigen wie mit Glögg Nr. 1 verfahren

Scotch Punsch

1 TL Zuckersirup
1 TL Ingwersirup
1 Prise weißen Pfeffer
1 Prise Nelkenpulver
1 Cocktailmaß Scotch Whisky
1/2 Cocktailmaß Arrak
2 gute Schuß kochend heißer
Darjeelingtee, verrühren und mit
Löffel servieren

Heiße Milchgetränke

Hoppel Poppel

1 Eigelb mit 1 TL Karamel- und
1 TL Vanillezucker schaumig rühren, etwas abgeriebene Zitronenschale dazu, 1 Cocktailmaß heißen Weinbrand, Kirsch oder
Rum, alles in einen gewärmten
tumbler füllen und mit kochender Milch aufgießen. Mit einem
Barlöffel und Strohhalm servieren

Schwedenmilch

1 TL Zucker
1 Prise Zimt
1 Cocktailmaß Arrak
verrühren, zusammen mit der
doppelten Menge Milch erhitzen
und in einem heißen Grogglas
oder tumbler mit einem Löffel
servieren

Waldorfmilch

wie **Schwedenmilch**, aber an
Stelle von Arrak 1/2 Cocktailmaß
Grenadinesirup. Kein Zimt.

Pompadour Milk

wie **Schwedenmilch**, aber an
Stelle von Arrak 1/2 Cocktailmaß
Apricot Brandy. Kein Zimt.

Severin Milk

wie **Schwedenmilch**, aber an
Stelle von Arrak mit Gin. Kein
Zimt.

Protection Milk

wie **Schwedenmilch**, aber mit
2 TL Honig an Stelle von Zucker

Zabaione

(6 Personen)
6 Eigelb werden mit 4 EL Zucker,
1 Prise Vanille und dem Abge-
riebenen einer Orangenschale
schaumig gerührt und mit 6 Glas
Marsala auf schwachem Feuer im
Wasserbad mit dem Schneebesen
geschlagen, bis es eine schaumige
Creme wird. In Champagner-
schalen umfüllen und noch warm
mit einem Löffel servieren

Zabayòn Oporto

wie **Zabaione**, aber mit Portwein
an Stelle von Marsala

Zabayòn Madeira

wie **Zabaione**, aber mit Madeira
an Stelle von Marsala und 1 dash
Cognac

Zabayòn Jerez

wie **Zabaione**, aber mit Jerez an
Stelle von Marsala und einer Zitronenschale

Cadeau Punch

1 TL Zucker mit 1 Eigelb verrühren, 1 Prise Vanille mit 1 Glas rotem Bordeaux verrühren und mit Schneebesen schlagend erhitzen. Kurz vor dem Kochen in ein Grogglas umfüllen und mit einem Löffel servieren

Zarevik Milk

wie **Schwedenmilch**, aber mit 2 TL Himbeersirup an Stelle des Zuckers und Wodka an Stelle des Arrak

Canada Milk

wie **Schwedenmilch**, aber mit 3 TL Maplesirup an Stelle des Zuckers und Wodka an Stelle des Arrak

Mollient Milk

in ein heißes Grogglas wird ein Löffel Zucker gegeben und mit kochender Milch verrührt. Einen Schuß Angostura dazu und mit einem Löffel servieren

Uhles

1 Eigelb wird mit 2 TL Zucker in einem kleinen Emailletopf schaumig gerührt; dann 1 Glas weißen Bordeaux hinzu. Dies wird, bis es heiß geworden, mit einem kleinen Schneebesen gepeitscht, in einen heißen tumbler umgefüllt, mit einem Cocktailmaß heißer

Sahne und einem Löffel Arrak übergossen serviert

Oslo Egg Punch

2 Eidotter mit 1 EL Karamelzucker schaumig rühren, dann ein paar Tropfen Arrak, $1/4$ l herben Sherry, etwas abgeriebene Grapefruitschale und das steifgeschlagene Eiklar über schwachem Feuer unterziehen und zu einer Schaumcreme schlagen, die schnell in gewärmte große Sekt- oder Dessertschalen gefüllt und mit einem Löffel serviert wird

Bavaroise de Lait

im heißen Grogglas 1 Eidotter mit 2 TL Karamelzucker schaumig rühren. 1 TL Orzata (Mandelmilchsirup), 1 dash Orangenblütenwasser, mit Schwung von oben heiße Milch auffüllen, so daß sich alles schäumend vermischt. Mit Löffel servieren

Tom and Jerry 999. Version

6 Eigelb und 3 TL Zucker, 1 Prise Muskatnuß schaumig rühren, das Eiweiß ganz steif schlagen und mit 3 TL Puderzucker mischen. Beides locker untereinanderziehen und auf 6 erwärmte tumbler verteilen. Jetzt werden je Glas $3/4$ Cocktailmaß Rye Whiskey und $1/4$ Cocktailmaß weißer französischer Rum darübergegeben und mit kochend heißer Milch aufgefüllt. Mit Löffel servieren

Coffee — Milk — Egg

New Orleans

in einem heißen Grogglas wird
ein Eigelb mit einem Löffel Zuk-
ker schaumig gerührt, mit einer
Tasse heißem Mokka und schäumend heißer Sahne aufgegossen

California Coffee

(6 Personen)
in eine Bowlenschüssel wird 1 TL
bester Saigon-Zimt gegeben, etwa
6 Nelken und 1 zerdrückter Kar-
damomsamen. 1 möglichst dünn-
scheibige Orange ganz fein schälen und in feinste Streifen zerschnitten zu der Mischung im
Bowlengefäß geben. Alles mit 6
Cocktailmaß Weinbrand und 1
Schuß Cusenier übergießen und
erhitzen

Trenaglia

in eine heiße kleine Kaffeetasse
wird 1 doppelter Espresso und
1 Schuß Metaxabrandy gegeben,
Zucker und einen Löffel dazu servieren

Graziosa

wie **Trenaglia**, aber mit Grappa
Notrano (italienischer Treber) an
Stelle von Brandy

Black Forest Coffee

in eine heiße kleine Kaffeetasse
wird schwarzer, heißer Mokka
und ein Schuß Kirschwasser gegeben und mit Zucker und Löffel
serviert

Coffee Manzonie

in eine heiße Kaffeetasse kommen ein Löffel Zucker, ein Zitronenschnitz, ein Schuß Karamelzucker und eine Tasse brühend
heißer Espresso

Coffee and Egg

in einer vorgewärmten Kaffeetasse wird ein Eidotter mit einem
Teelöffel Zucker verrührt und
mit heißem Mokka (auch Nescafé) aufgegossen. Mit einem
dash Weinbrand servieren

Florida Coffee

es werden sechs halbe Tassen
starker Kaffee bereitet und sechs
Eßlöffel vanillierte Schlagsahne
zurechtgestellt. Vor dem Servieren, möglichst im dunklen Raum,
wird der Weinbrand entzündet
und brennend mit einer Schöpfkelle auf die Tassen verteilt. Ist
das Feuer verloschen, werden
Schlagsahne und eventuell etwas
Zucker nachgegeben

Café Biedermann

$1/2$ l Mokka
$1/2$ l Portwein
$1/2$ l Jamaica Rum
100 g Zucker
miteinander erhitzen und in kleinen Kaffeetassen servieren

FLAMMENDE MIXTUREN

Flammender *Punsch, Café du Diable, Feuerzangen-Bowle* — klingt das nicht wie eine Beschwörungsformel aus einer bacchantischen Alchimistenküche? Verlockend, doch gefährlich ist das Spiel mit dem Weingeist. Jede Spirituose brennt besser, wenn sie erhitzt wird. Doch beim Entzünden der Hochprozentigen muß man sehr achtsam sein, denn nur zu leicht hüpft ein flammender Tropfen auf Tischtuch, Teppich oder gar ins Haar eines Gastes. Am effektvollsten wirken brennende Getränke, wenn sie bei ausgeschaltetem Licht aufgetragen werden. Wenn dann noch die Punschterrine oder die Punschtassen auf breiten Untertellern sitzen, die erwärmt, mit Kochsalz bestreut, mit Alkohol übergossen und ebenfalls angezündet werden, ist der Effekt vollkommen. Es ist die Atmosphäre für skurrile Geschichten in fröhlicher Runde ...

Flammende Drinks

Borkum Feuer

dazu muß ein Glühwein bereitet werden, auf den, sobald er in das gewärmte Grogglas gefüllt ist, ein Schiffchen gesetzt wird. Es besteht aus einer Zitronenscheibe, auf der ein mit Rum getränktes Zuckerhäufchen liegt, das beim Servieren angezündet wird

Arrak Flambée

1 Cocktailmaß Arrak
1 TL Zucker
werden erhitzt und in das vorgewärmte Grogglas gegeben, angezündet und mit einem Löffel serviert

Flames over Jersey

1 Cocktailmaß Calvados
2 TL Zucker
1 Schuß Angostura
1 Stück Zitronenschale
alles zusammen in einem Emailletopf erhitzen, in einen Silberbecher oder ein erwärmtes Punschglas geben, anzünden und schließlich mit kochendem Wasser gelöscht servieren

Blue Blazer

1 TL Zucker
1 Tasse extra heißen Mokka
2 dashes Rum
1 TL Maraschino
in ein möglichst heißes Grogglas füllen, 1 Schuß Weinbrand darauf, anzünden und brennend mit einem Löffel servieren

Bremers Krambambuli

1 TL Karamelzucker
1 Cocktailmaß Batavia Arrak
erhitzen, in ein Cocktailglas füllen und anzünden

Feuerzangen-Bowle Nr. 1

(20 Gläser)
In einer Kupferkasserolle, besser
noch in einem eigenen Feuerzan-
genbowlen-Kessel, erhitzen wir
auf einem Rechaud 2 Flaschen
Bordeaux. Quer über die Kasserolle in eine Feuerzange wird der
Hutzucker gelegt und mit ange-
wärmtem, hochprozentigem Rum,
sei es nun Original Jamaica oder
echter Martinique Rum, über-
träufelt, bis der Zucker durch-
tränkt ist. Dann wird er angezündet. Die Flamme soll nicht
ausgehen, bis der Zucker schmel-
zend in den Punsch getropft ist.
Man muß also immer wieder
etwas heißen Rum nachgießen.
Erst zum Schluß wird das Getränk mit einer silbernen Schöpfkelle in vorgewärmte Punschgläser verteilt

Feuerzangen-Bowle Nr. 2

2 Flaschen vollen, samtigen Rotwein (Burgunder, Alicante,
   Burgenländer)
1/2 Flasche echter Rum
   (Negrita, Robinson)
1 Weinglas Orangensaft
1 Cocktailglas Cusenier
2 Schuß Orangenbitter

1 Zuckerhut
im übrigen wie bei **Feuerzangen-
Bowle Nr. 1** verfahren, aber den
Wein nicht erhitzen

Feuerzangen-Bowle Nr. 3

2 Flaschen Rheinwein
1/2 Flasche trockener Sherry
1/2 Flasche Batavia Arrak
1 Zuckerhut
wie bei **Feuerzangen-Bowle Nr. 1**
verfahren, nur den Sherry erst
dazugeben, wenn alles andere
fertig ist

Brennender Kaiserpunsch

1/4 Pfd. Kandiszucker
1/4 Pfd. Karamelzucker
1/2 l Wasser
1/2 l Rheinwein
1/2 Flasche Original-Rum
1 Zitrone
in einer emaillierten Kasserolle
wird der Zucker im siedenden
Wasser gelöst, dann der Rheinwein und der Rum zugegeben und
die Mischung bis kurz vor dem
Siedepunkt erhitzt. (Niemals kochen lassen!) So wird der Punsch
auf einen Rechaud gesetzt und vor
den Gästen angezündet. Ist der
Alkohol verbrannt, wird der
durchgesiebte Zitronensaft zugegeben. Mit einer silbernen Schöpfkelle in vorgewärmte Punschgläser füllen und mit einem Löffel
servieren

White Wine Flambée Punsch

4 Zuckerwürfel
1/4 abgeriebene Zitronenschale
1 Spur Zimt
1 Spur Nelkenpfeffer
1/4 l Gewürztraminer
miteinander in einer kleinen Kasserolle bis kurz vor den Siedepunkt erhitzen und rasch durch ein Sieb ins vorgewärmte Punschglas füllen. 1 Likörglas Original Bacardi Rum daraufgeben und anzünden

Inferno Punsch

wie **White Wine Flambée**, aber mit rotem Tarragona oder Alicante Wein, 2 TL Orangensaft und Negrita Rum

Calvados Flambée

2 dashes Angostura
1 TL Karamelzucker
1 Nelkennagel
1/2 über Zucker abgeriebene
   Orangenschale
1 Glas Apfelsaft
miteinander erhitzen, ins heiße Punschglas füllen,
anzünden und mit einem Löffel servieren

Crosley Krambambuli

1 TL Zucker

1 Glas Portwein
1 Schuß Orangensaft
1 Schuß Zitronensaft
1 Prise Zimt
1 Prise Nelkenpulver
alles zusammen erhitzen, ins vorgewärmte Punschglas füllen, mit einem Schuß Arrak übergießen, anzünden und mit einem Löffel servieren

Torellis Krambambuli

1 Glas Bordeaux
1 Schuß Orangensaft
1 Nelkenköpfchen
erhitzen und ins vorgewärmte Punschglas füllen, 1 Orangenschale als Deckel auf das Glas setzen, 2 Stück Würfelzucker darüber und mit heißem Armagnac übergießen und anzünden

Thé au Kirsch

in einer Kasserolle werden 10 EL Kristallzucker erhitzt, mit 1/4 l Kirschwasser gelöscht und angezündet. Nach einer Weile wird 1 l heißer japanischer Jasminblütentee darübergegossen und dann noch 1 Flasche Kirschwasser. Alles gut umrühren. In die heißen Punschgläser je 1 Maraschinokirsche legen, auffüllen und noch einmal anzünden

Scotch Blue Blazer

1 Cocktailmaß Scotch Whisky
1/2 Cocktailmaß kochendes
   Wasser
1 TL Zucker
1 TL Honig
1 Stück Zitronenschale

Der Scotch wird mit dem Zucker
und der Zitronenschale in einem
Emailletopf erhitzt und schnell in
ein heißes ausgespültes Grogglas
gegeben, angezündet, mit kochendem Wasser gelöscht, verrührt
und serviert

GROGS

Der 1740 an die Navy ergangene Befehl des britischen Admirals
Vernon, den Rum nur noch mit Zuckerwasser vermischt zu trinken,
brachte den Grog hervor, der inzwischen in vielen Abarten zu einer
norddeutschen Spezialität geworden ist. Als Grundlage gilt nach
wie vor Wasser, aber es braucht nicht, Zucker kann, Rum muß hinein. Es gibt also steifen, ganz steifen und nur noch gesüßten puren
Rum als Grog. Er gehört zu den »heißesten« Getränken, ist aber
längst nicht mehr ausschließlich an Rum gebunden, denn die gour-
mandische Erfahrung hat gelehrt, daß Arrak-, Whisky-, Zwetsch-
gen-, Calvados- oder Brandygrog ebenso begehrenswert sind.
Oft geben auch kleine Zutaten von Gewürz und Zitrusfrüchten Ge-
schmackspointen. Die klassische Art, einen Grog zu servieren, ist
folgende:
Ein dampferhitztes Henkelglas mit einer Silbergabel darin und
einem Löffel auf dem Unterteller vorsetzen. Dazu ein Kännchen
sprudelnd kochendes, frisches Wasser, eine Dose Kandiswürfel-
zucker, einen kleinen Teller mit Zitronenscheiben, etwas Saft und
allerfeinsten Rum in einer Grogkanne, worin er erwärmt werden
kann.
Der Gast selbst wird dann zum Mixer und braut sich seinen Grog
nach eigener Fasson. Eine Gabel im Glas leitet die Hitze noch besser
als ein Löffel ab. Sie wird nach dem Einschenken entfernt.
Groggläser müssen standfest und hitzebeständig sein und zumindest 2 dl, also 4 Cocktailmaß oder 4 Vermouthgläser fassen können.
Notfalls geht ein silbergefaßtes Teeglas oder ein grobes Glas, dessen Stiel oder Henkel nicht heiß wird.
Auch heiße Toddies sind im Grunde Grogs, oder besser gesagt alle
Grogs, die nicht mit Rum gemischt sind, sind eigentlich Toddies.
Sobald sie allerdings etwas Gewürz und Zitrone enthalten, muß

man sie korrekterweise Slings nennen, denn auch von dieser Spirituosenmischung gibt es heiße Variationen. Wer sich freilich zu anhaltend auf die große Gruppe der Grogs versteift, wird sehr schnell »groggy«.

Grogs

American Grog

1 Cocktailglas heißer Tee
1 TL Zucker
1 Cocktailmaß Madeira
1 TL Jamaica Rum
1 Schnitz Zitrone, in der 1 Nelkennagel steckt, werden erhitzt und in ein heiß ausgeschwenktes Grogglas, in dem ein Silberlöffel steckt, gegossen und serviert

Coffee Grog

4 Stück Würfelzucker
1 Stück Zitrone
1 Tasse schwarzen Mokka
erhitzen, in ein Grogglas füllen und 1 Schuß heißen Armagnac darübergeben, abkühlen und brennend servieren

Helgoländer Grog

3 Stück Kandiszucker
1 Cocktailmaß Jamaica Rum
$^1/_2$ Cocktailmaß heißes Wasser
1 Schuß Rotwein
1 Zitronenscheibe
werden kurz erhitzt und in vorgewärmte Gläser, die mit 2 dashes Curaçao ausgeschwenkt wurden, gefüllt

Tom and Jerry

(6 Personen)
3 Eier
3 Cocktailmaß französischen Rum
3 Cocktailmaß Cognac
3 gehäufte TL Zucker
etwas kochendes Wasser
Eigelb und Eiweiß trennen. Das Eiweiß mit der Hälfte des Zuckers ganz steif schlagen, mit der anderen Zuckerhälfte die Dotter schaumig rühren und dann beides in einen Porzellantopf geben. Ganz schnell mit dem Rum, Cognac und dem heißen Wasser verrühren und mit etwas Muskatnuß überstreuen. Mit einer Schöpfkelle in Groggläser füllen

Honig Grog

im heißen Grogglas werden
$^1/_2$ Cocktailmaß Rum
$^1/_2$ Cocktailmaß Zitronensaft
1 EL Honig
verrührt und mit kochendem Wasser aufgefüllt

Columbia

1 Cocktailmaß Rye Whiskey
1 Stück Zitronenschale
1 Stück Würfelzucker
mit etwas kochendem Wasser mischen und im Grogglas servieren

Ananas Grog

Das vorgewärmte Grogglas wird
mit
3 Ananaswürfeln
1 TL Zitronensaft
1 TL Karamelzucker
1 Cocktailmaß Arrak
gefüllt, mit kochendem Wasser
nach Gefühl verrührt und mit
einem Löffel serviert

Hot Buttered Rum

man erhitzt
1 Cocktailmaß Jamaica Rum
2 TL Wasser
1 Stückchen Nelke
1 Prise Zimt
1 TL Karamelzucker
2 dashes Angostura
und füllt alles in ein heiß ausgeschwenktes Grogglas. Nun setzt
man einen gehäuften Teelöffel
frische Butter oben darauf, rührt
kurz um und serviert mit einem
Barlöffel

Eier Grog

im heiß ausgeschwenkten Grogglas werden
1 Eidotter
2 TL Zucker
1 Prise Vanille
miteinander schaumig gerührt,
mit 1 Cocktailmaß heißem Rum
vermischt und gleich serviert

Black Stripe

1 Cocktailmaß Jamaica Rum
1 TL Zuckersirup
1 Zitronenscheibe

werden in ein Grogglas gefüllt
und mit 2 bis 3 Schuß kochend
heißem Wasser übergossen

Rum Kuh

1 Glas Milch
1 EL Honig
3 EL Rum
werden bis zum Siedepunkt erhitzt und mit 2 guten Schuß Rum
in vorgewärmte Groggläser gegossen. Mit einem Löffel servieren

Powers Grog

1 TL Zucker
1 Cocktailmaß Whisky
1/2 Cocktailmaß Wasser
1 TL Kirschwasser
alles zusammen erhitzen, in ein
vorgewärmtes Grogglas füllen,
anzünden und servieren

Thea Grog

1 TL Orangensaft
1 TL Cherry Brandy
2 TL Schwedenpunsch
1 Cocktailmaß heißen Tee
1 Scheibe Orangenschale
erhitzen und im Grogglas mit
Löffel servieren

Pharisäer Grog

1 TL Zucker
2 Mokkatassen schwarzen Kaffee
1 Cocktailmaß Rum
bis vor den Siedepunkt erhitzen,
in ein heißes Grogglas füllen und
mit 1 gehäuften EL Schlagrahm
bedecken

Sahne Grog

3 bis 4 Stück Kandiszucker werden im heißen Grogglas mit fast kochendem Wasser aufgelöst, dazu kommen ein Schuß Cointreau und ein gutes Maß Rum. Zum Schluß werden 2 EL vanillierte Schlagsahne daraufgesetzt

Kirsch Grog

1 TL Zucker
1 TL Maraschino
1 Cocktailmaß Kirschwasser
1 dash Bénédictine D.O.M.
$^1/_2$ Cocktailmaß kochendes Wasser
alles zusammen verrühren und im vorgewärmten Grogglas mit Löffel servieren

Schwedengrog

Wie normaler Grog, nur wird an Stelle des Rum Schwedenpunsch verwendet

Hot Gin Grog

1 Cocktailmaß Gin
1 TL Zuckersirup
der Saft einer $^1/_2$ Zitrone
in ein gewärmtes Grogglas oder einen tumbler geben und mit kochendem Wasser aufgefüllt mit einem Löffel servieren

Brandy Grog

1 TL Zucker in heißem Wasser lösen, 1 Cocktailmaß Weinbrand dazugeben und mit etwas abgeriebener Muskatnuß im vorgewärmten Grogglas mit einem Löffel servieren

Hot Brick Grog

1 TL Butter
1 TL Zucker
1 Prise Zimt
werden im heiß ausgespülten Grogglas verrührt, mit etwas kochendem Wasser und einem Cocktailmaß Bourbon aufgegossen, heiß und mit einem Löffel serviert

Rabarb Grog

wie einfacher **Grog**, aber mit Rabarbaro (ital. Rhabarberdestillat) an Stelle des Rum und 1 Zitronenscheibe

Cynar Grog

wie einfacher **Grog**, aber mit Cynar (ein Artischockendestillat) an Stelle des Rum und einer Zitronenscheibe

Tamar Cassis Grog

1 TL Zucker
$^1/_4$ Cocktailmaß Creme de Cassis
3 TL Tamarindensirup
1 Zitronenscheibe
im vorgewärmten Grogglas mit etwas kochendem Wasser auffüllen und mit einem Löffel servieren

Kanada Grog

wie **Rum Grog**, aber mit 3 TL Maplesirup (Ahornsirup) an Stelle des Zuckers und Weinbrand an Stelle des Rum

Honig Glühwein

auf eine Flasche schweren, vollen
Rotwein kommen 150 g Orangenblütenhonig, ein wenig Stangenzimt und ein paar Scheiben
Zitrone. Im übrigen verfährt man
wie im Grundrezept S. 152

Seehund mit Rosinen

zuerst läßt man eine Handvoll
gewaschener Rosinen in etwas
Rum 1 bis 2 Stunden quellen,
dann setzt man 1 Flasche Weißwein mit 6 bis 8 Stück Zucker,
1 kleinen Stange Zimt und 1 Zitronenspirale aufs Feuer. Verteilt
inzwischen die Rosinen auf die
heißen Punschgläser, füllt mit
dem Weinsud auf, der freilich
nicht gekocht haben darf und aus
dem man Zimt und Zitronenschale wieder entfernt hat

Oporto Glühwein

1 TL Zucker
1 dash Vanillesirup
abgeriebene Orangen- und
  Zitronenschale
1 Prise Zimt
mit ein paar EL kochendem Wasser auflösen, 1 Glas trockenen
Portwein zugeben, bis vor den
Siedepunkt erhitzen und in gewärmte Punschgläser seihen

Vin Brulé

1 TL Zucker
1 Stückchen Zimtrinde

1 Nelkenköpfchen
1 Zitronenschnitz
1 TL Kirschwasser
2 TL Negrita Rum
1 Glas Rotwein
1 dash Vanillesirup
werden zusammen in einem
Emailletopf erhitzt und im vorgewärmten Grogglas mit einem
Löffel serviert

Toddies

Hot Buttered Toddy

1 Cocktailmaß Irish Whiskey
1 TL Zucker
1 EL Orangenjuice
mit etwas Wasser erhitzen, in ein
vorgewärmtes Grogglas oder
einen tumbler gießen und einen
guten Teelöffel frische Butter
daraufsetzen, verrühren und mit
einem Löffel servieren

Gin Toddy

1 TL Zucker
1 TL Limejuice
1 Cocktailmaß Gin
$1/_2$ Cocktailmaß kochendes
  Wasser
bis vor den Siedepunkt erhitzen,
im vorgewärmten Punschglas
oder tumbler mit Löffel servieren

Hot Toddy

$^9/_{10}$ Whiskey
1 TL Zucker
1 Zitronenscheibe
1 Prise Zimt, evtl. 1 Stück Nelke
mit etwas heißem Wasser (nach
Gefühl) weiter erhitzen und in
einem Grogglas oder kleinen
tumbler mit einem Löffel servieren

Apple Toddy

in ein heiß ausgeschwenktes
Grogglas werden 3 TL heißes
Wasser, in dem 2 TL Zucker und
1 Msp Vanillezucker gelöst wurden, gegeben. Dann folgt ein hal-
ber heißer Bratapfel, und dies
wird mit 1 Cocktailmaß — halb
Calvados, halb Apfelsaft — heiß
übergossen

Al Longs

$^1/_2$ Cocktailmaß Zitronensaft
2 Schuß Drambuie
1 Schuß Himbeersirup
$^1/_2$ Cocktailmaß Scotch
$^1/_2$ kochendes Cocktailmaß Wasser
vermischen, kurz aufkochen und
im Grogglas mit Löffel servieren

Slings

Gin Sling

in ein vorgewärmtes Grogglas
wird
1 TL Zuckersirup
1 TL Limejuice

1 Cocktailmaß Gin dry
verrührt und mit kochend heißem
Ginger Ale aufgefüllt, mit 1 Zitronenscheibe und 1 Löffel serviert

Hot Scotch Sling

wie **Gin Sling**, aber mit Kirschsirup an Stelle des Zuckersirup
Whisky statt Gin

Hot Brandy Sling

wie **Gin Sling**, aber mit Maplesirup an Stelle des Zuckersirup
Cognac statt Gin

Hot Rum Sling

wie **Gin Sling**, aber mit Ananassirup an Stelle des Zuckersirup
Rum statt Gin

Hot Tequila Sling

wie **Gin Sling**, aber mit Brombeersirup an Stelle des Zuckersirup
Tequila statt Gin

Arrak Sling

wie **Gin Sling**, aber mit Bananenlikör an Stelle des Zuckersirup
Arrak statt Gin

Wodka Sling

wie **Gin Sling**, aber mit Grenadinesirup an Stelle des Zuckersirup
Wodka statt Gin

GLÜHWEINE

Ist der Grog ein heißer Spirituosentrank, ist der Glühwein der entsprechend heiße Weintrunk. Vielfach herrscht die irrige Meinung,
Glühweine müßten aus Rotwein bestehen. Roter Glühwein mag bei
Erkältungen wirksamer sein, geschmacklich besser aber ist weißer
Glühwein, vorausgesetzt, der Wein ist nicht zu jung und kein auf
der Kellertreppe gewachsener. Der köstlichste Glühwein entsteht
sicher mit weißem Portwein. Einem Glühwein sollte man kein Wasser zufügen. Wird er nicht glasweise zubereitet, sondern für eine
ganze Tischrunde, so soll man ihn durchseihen, um die Gewürze
nicht zu sehr auslaugen zu lassen. Hierzu ist ein Trichter, der einen
Leinenfiltereinsatz hat, praktisch. Da das Süßen der Getränke Auf-
fassungs- und Geschmackssache ist, sind in diesen Rezepten die
Zuckerbeigaben immer auf ein Minimum reduziert. Es sei dem einzelnen überlassen, noch nachzusüßen.

Glühweine

Admiral

1 Glas spanischer Rotwein
1 TL Karamelzucker
1 Prise Zimt
alles zusammen mit einem Eigelb
verquirlen, unter fortgesetztem
Durchschlagen erhitzen und
schnell in einem Punsch- oder
Grogglas mit Henkel servieren

Hot Locomotive

1 Eigelb
¹/₂ TL Zucker
1 TL Honig
werden zusammen verrührt,
mit einem Glas Burgunder und
einem Schuß Curaçao zum Kochen gebracht und im vorgewärmten Glühwein- oder Grogglas mit einem Löffel serviert.
Ein Stück Zitronenschale darf
nicht, eine Prise Zimt kann fehlen

Negus

1 Glas trockener Portwein
1 TL Zucker
¹/₂ Glas kochendes Wasser
1 Stück Zitronenschale
zusammen erhitzen
und in ein heißes Grogglas geben, mit Muskatnuß überstreuen
und mit Löffel servieren

Weißer Glühwein

(7 Gläser)

1 Flasche würziger Weißwein (Pfälzer Muskat, Südtiroler Gewürztraminer, Zucco aus Sizilien oder Gumpoldskirchner) wird mit 10 Stück Kandiszucker, 1 Nelkennagelköpfchen, ein wenig Stangenzimt und 1 kernlosen, gescheibten Apfelsine bis kurz vors Kochen erhitzt, abgeseiht und in vorgewärmten Punschgläsern mit einem Löffel serviert

Frankfurter Glühwein

wie **Weißer Glühwein**, aber nur mit Apfelwein und einem Stück Zitrone

FÜR DEN NÄCHSTEN TAG

KATERGETRÄNKE

The party ist over, der Ball ist vorbei, ein neuer Morgen lockt zu neuen Taten. Wenn nicht gerade ein angespannter Alltag, so vielleicht eine Berg- oder Skitour, eine Fahrt in frischer Brise auf dem Segelboot oder die morgendliche Pirsch, mit einem Wort: es gilt, wieder ›fit‹ zu sein und den Kater (für die Franzosen das pelzige Ochsenmaul und den Amerikaner der Hangover) zu vertreiben. Nehmen wir an, Sie kommen aus der Sauna und haben schon die ersten Schwipstherapien mit Alka Seltzer, Magnesia-Tabletten, einem Multivitaminstoß oder Natron absolviert, und setzen wir voraus, daß die Kopfnerven mit Spalt- oder Aspirintabletten und der Magen mit Kamillentee beruhigt sind, dann — oder schon bevor das alles nötig ist — sind die Katerdrinks an der Reihe.

Kater-Cocktails

Prairie Oyster

1 TL Worcestershiresauce
2 dashes Weinessig
2 dashes Zitronensaft
2 TL Ketchup
kommen leicht verrührt in ein schmales Glas, darauf wird ein Eigelb praktiziert, ohne es zu verletzen,
dann wird es mit grob gemahlenem, schwarzem Pfeffer,
1 dash Tobasco
1 Prise Salz
1 TL feinem Olivenöl bedeckt
und in einem Zug getrunken

Indian Oyster

1 TL Worcestershiresauce
2 TL Tomatenketchup
1 Prise Paprika
1 Schuß Olivenöl
1 Prise Salz
1 dash Weinessig
1 Schuß Weinbrand
1 Messerspitze Curry
werden miteinander verrührt, ins Old Fashioned-Glas gegeben, mit einem ganzen Eigelb belegt, und mit etwas Muskatnuß überstreut. In einem Zug trinken

Oyster Cocktail

1 TL Worcestershiresauce
3 TL Tomatenketchup
2 dashes Zitronensaft
1 dash Olivenöl
1 TL Sahne
1 Prise Selleriesalz, Paprika und groben schwarzen Pfeffer gut verrühren und mit 3 bis 4 entbarteten frischen Austern servieren. Dazu ein Cocktailwürstchen oder Käsebrötchen

Mexican Oyster

1 Cocktailglas Sangrita
1 paar Tropfen Austernsauce
1 Schuß Tequila
und dazu zitronenüberträufelte frische, entbartete Austern

Tomato Cocktail

1 Cocktailmaß Tomatenjuice
1 dash Worcestershiresauce
3 dashes Ketchup
2 TL Zitronensaft
1 Prise Salz
1 TL feingehackte Sellerieblätter
1 dash Tobasco
im shaker mit Eis stark schütteln und in eine Sektschale seihen

Bloody Mary

$^2/_3$ Tomatenjuice
$^1/_3$ Wodka
1 dash Tobasco
1 dash Worcestershiresauce
1 TL Zitronensaft
1 Prise Salz

1 Prise Pfeffer
im shaker mit Eis stark schütteln und in ein Cocktailglas seihen

Hook and Ladder

$^1/_2$ Black Diamond Rye Whiskey
$^1/_2$ Old Forester Bourbon Whiskey
3 dashes Worcestershiresauce
1 TL Zitronensaft
1 TL Chilisauce
1 ganzes Ei
im shaker mit Eis ganz besonders stark schütteln, in einen tumbler abseihen

Mokka Sour

$^2/_3$ sehr starker, kalter Mokka
$^1/_6$ Bacardi Rum
$^1/_6$ Zitronensaft
1 TL Limejuice
1 TL Zuckerlösung
im shaker sehr gut schütteln, in einen tumbler gießen und mit etwas Apollinaris aufspritzen

Nikolaschka

1 Likörglas Weinbrand,
eine entrindete Zitronenscheibe als Deckel auf das Glas setzen, mit einem halben Teelöffel pulverfeinem Kaffee und einem halben Teelöffel Staubzucker behäufeln. Die Zitronenscheibe mit ihrem Kaffeezuckerhut in den Mund nehmen, zerkauen und mit dem Weinbrand löschen

Nikolaschka Pillkallen

wird nach dem Prinzip der **Niko-laschka** bereitet, aber mit Kirsch-wasser und 1 Scheibe ungari-scher Salami, die mit scharfem Senf betupft ist

Nikolaschka Pillkönen

Diesmal ist das Glas eine Korn-tulpe, der Inhalt ein Doppelkorn Alte Ernte, der Deckel 1 Scheibe grobe Leberwurst und der Auf-satz süßlicher Schwedensenf

St. Anton Nikolaschka

Über ein Enzianmanderl — so hei-ßen die Stamperl — wird 1 Zitro-nenscheibe gegeben, darauf 1 Radl Tiroler Speckwurst und 1 Prise Paprika

Nikolaschka Tequila

Hier ist die Grundlage Tequila, die Auflage eine etwas dickere Zitronenscheibe mit Rand, durch

die man 2 dashes Campari trop-fen läßt und die man mit 1 Prise Salz bestreut

Foreign Pickup

$^3/_4$ Zitronensaft
$^1/_4$ Angosturabitter
1 TL Zuckersirup
verrühren und im tumbler mit Apollinaris aufgießen

Fernet pick me up

$^1/_4$ Fernet Branca
$^1/_4$ Branca Vermouth dry rot
$^1/_2$ Stein Dry Gin »Whitecock«
im shaker mit Eis schütteln und ins Cocktailglas abseihen

Suffering Bastard

$^1/_3$ Silver Top Bols Gin
$^1/_3$ Stock Brandy 84
$^1/_3$ Rose's Limejuice
2 dashes Angosturabitter
im shaker mit Eis kurz schütteln, in den tumbler gießen, mit Gin-ger Ale auffüllen und mit einem Blatt frischer Minze servieren

PICK ME UPS

Flips sind short drinks für rekonvaleszente Bummler, Liebhaber oder ernsthaft Überanstrengte. Diese pick me ups, Wiederaufrichter, sind leicht verdauliche Sportcocktails und wirken gegen Knie-schnackler vor der Schußfahrt genauso gut wie nach der Kissen-schlacht. Es sind Elixiere, teils mit ganzem, rohem, frischem Ei, teils nur mit Dotter gemischt, die man sehr kurz, aber sehr intensiv schütteln muß. Am besten mit dem Elektromixer und mit groß-gewürfeltem Eis. Da sie bald gerinnen und verwässern, müssen sie ebenso fix bereitet wie serviert werden. Es gibt spezielle Flipgläser, doch sind auch Sektkelche oder kleinere tumbler korrekt. Hauptsache, man serviert sie eiskalt und mit Strohhalm, gießt nie mit Soda auf, sondern mit Sekt, eventuell mit Ginger Ale. Manche Fliprezepte erfahrener Kenner wirken optimal mit dunklem Bier, andere mit Burgunder, Portwein oder Sherry. Wenn man in einem shaker vier Flips mixt, empfiehlt es sich, nur drei Eigelb und ein Eiweiß zu wählen. Einen Teil des Zuckers kann man auch durch Traubenzucker ersetzen. Wichtig ist es, allerbeste Trinkeier zu verwenden!

Flips

Portwine Flip

$^1/_3$ Burmester Portwein rot
$^1/_3$ Burmester Portwein dry
$^1/_3$ Montesquieu Armagnac
2 Eigelb
$^1/_2$ TL Zuckersirup
2 dashes Orangenbitter
im shaker stark schütteln, in das Flipglas füllen und mit etwas Muskatnuß überstreuen, schnell servieren!

Sherry Flip

$^2/_3$ Dry Sack Sherry amantilado
$^1/_3$ De Terry (spanischer Cognac)
2 Eigelb
1 TL Zuckersirup
im shaker stark schütteln, in das Flipglas füllen und mit etwas Muskatnuß bestreuen. Schnell servieren!

Mokka Flip

$^1/_2$ Asbach Uralt Weinbrand
$^1/_4$ Bols Creme de Mokka
$^1/_4$ Sahne
2 Eigelb
1 TL Vanillezucker
im shaker stark schütteln, in das Flipglas mit starkem Mokka füllen

Madeira Flip

1 Cocktailglas Madeira
2 dashes Maraschino
2 Eigelb
1 dash Vanillesirup
1 TL Zuckersirup
im shaker stark schütteln, in das Flipglas füllen

Butterfly Flip

$^1/_3$ Hennessy Cognac
$^1/_3$ Marie Brizard Creme de Cacao
$^1/_3$ frische Sahne
$^1/_2$ TL Schokoladensirup
2 Eigelb
im shaker kurz kräftig schütteln, in das Flipglas füllen und geriebene Schokolade darübergeben

Eye Opener

¹/₃ Pernod
¹/₃ Anisette
¹/₃ Arrak
2 Eigelb
¹/₂ TL Zuckersirup
im shaker stark schütteln, in das
Flipglas geben

Rose Flip

¹/₃ Hammer Silberkirsch
¹/₃ Stock Maraschino
¹/₃ Schladerer Kirschwasser
2 Eigelb
kein Zuckersirup
im shaker stark schütteln, in das
Flipglas seihen und schnell servieren

Brandy Flip

¹/₂ Janneau Armagnac
¹/₄ Grand Marnier
¹/₄ frische Sahne
2 Eigelb

im shaker stark schütteln, in das
Flipglas seihen

Ale Flip

2 Eigelb
3 TL Zucker
schaumig rühren und im Flipglas
mit Pale Ale aufgießen und mit
Muskatnuß bestreuen

Rum Flip

¹/₂ Martinique Rum
¹/₂ starker, kalter Tee
1 TL Curaçao orange
2 Eigelb
2 EL Zuckersirup
im shaker stark schütteln, in das
Flipglas seihen

Champagner Flip

1 Cocktailglas Rheinwein
1 TL Zuckersirup
2 Eigelb
im shaker stark schütteln, in das
Flipglas gießen und vorsichtig mit
Champagner auffüllen

EGG NOGGS

Die Egg Noggs sind wiederum long drinks mit Ei, sozusagen mit
Milch angesetzte oder mit Milch geschüttelte Flips. Es sind äußerst
bekömmliche, stärkende und durststillende drinks, die traditionelle
›old man milk‹ Schottlands. Geeist sind Egg Noggs kühlende Erfrischung und heiß winterliche Fuß- und Seelenwärmer. Die kalten
Egg Noggs, ob mit Eigelb oder mit ganzem Ei, werden mit trockenem Eis und Milch, wie ein Fizz, geschüttelt und nach dem Abseihen
in einen großen tumbler, in ein Limonaden- oder Bierglas gefüllt
und mit abgeriebener Muskatnuß leicht überstreut. Für die Berei-

tung heißer Egg Noggs werden direkt im tumbler Ei und Zucker verrührt, dann unter Weiterrühren zur Hälfte kochend heiße Milch aufgefüllt, die Spirituosen dazugegeben und bei fortgesetztem Rühren bis zum Rand heiße Milch nachgegossen. Man serviert stets mit einem Strohhalm und empfiehlt, die Egg Noggs nicht lange stehenzulassen.

Egg Noggs

Virginia Egg Nogg

1 ganzes Ei
1 EL Sahne
1/2 Cocktailglas Milch
1 TL Zucker
2/3 Four Rose's Bourbon Whiskey
1/3 Lemon Hart Golden Jamaica
   Rum
1 Prise Muskatnuß
im shaker mit Eis stark schütteln
und in tumbler abseihen

Quickie Egg Nogg

1 ganzes Ei
2 Cocktailgläser Vanilleeiscreme
2/3 Seagram's Whiskey
1/3 Saint James Rum
1 Prise Muskatnuß
im shaker mit Eis gut schütteln
und in tumbler abseihen

Baltimore Egg Nogg

1 ganzes Ei
2 TL Zuckersirup
1/3 Asbach Uralt Weinbrand
1/3 Negrita Rum
1/3 Madeira
im shaker mit Eis schütteln, in ein
Viertelliterglas seihen und mit
kalter Milch aufgießen

Egg Nogg

2/3 Scharlachberg Meisterbrand
1/3 Cusenier
1 ganzes Ei
1 TL Zuckersirup
2 Cocktailgläser frische Milch
im shaker mit Eis sehr gut schütteln, in einen tumbler abseihen
und mit etwas an einem Zuckerstück abgeriebener Orangenschale
bestreuen

Rum Egg Nogg

1/2 Coruba Rum
1/2 Chantré Weinbrand
1 TL Ananassaft
1 TL Zuckersirup
1 ganzes Ei
1 TL Sahne
1 1/2 Cocktailgläser Milch
im shaker mit Eis gut schütteln
und abseihen

Drambuie Egg Nogg

2/3 Racke Whisky
1/3 Drambuie Whiskylikör
2 TL Orangenblütenhoniglikör
1 ganzes Ei
2 Cocktailgläser frische Milch
im shaker mit kleingeschlagenem
Eis kräftig schütteln und in einen
tumbler seihen

... und noch eins:

Jeder wahre Gourmet, worunter man einen Feinschmecker und Ge-
tränkekenner versteht, wird Wert darauf legen, daß Rezepte an der
Bar wie in der Küche exakt eingehalten werden, damit der gleiche
drink immer gleich schmeckt. Trotzdem bleibt ein Rezept immer
nur eine persönliche Empfehlung subjektiven Geschmacks. Es ist
also im allgemeinen nur eine Richtschnur. Doch wo es sich um bestimmte Spezialitäten berühmter Meistermixer oder um preisgekrönte Cocktails von Markenfirmen handelt, sollte man keinen Grad
von den Angaben abweichen. Für jeden Standardcocktail z. B. gibt
es eine Idealformel, die sich nur einhalten läßt, wenn die Original-
Produkte dazu genannt werden.

Zwischen einem »Martini« mit Gordon's dry Gin und Cinzano Vermouth und einem »Martini« mit White Satin Gin und Noilly Prat
Vermouth liegt ein beträchtlicher Geschmacksunterschied, obwohl in
beiden Fällen nur Spitzenprodukte von Spitzenmarken verwendet
werden.

Wenn in unseren Rezepten also ab und zu Markenprodukte erwähnt werden, so nicht aus irgendwelchen Werbungsgründen, sondern um nach den Maßstäben persönlicher Erfahrung jeweils das
Optimum für ein Cocktailrezept hervorzuheben. Man kann es nicht
vermeiden, Firmen zu nennen, denn für einen Campari oder Dubonnet, einen Chartreuse oder Pernod, um nur einige Beispiele zu
nennen, gibt es keinen gleichwertigen Ersatz. Das heißt aber nicht,
daß nun jeder Cocktail, für den hier etwa eine bestimmte Ginmarke,
ein spezieller Vermouth oder Weinbrand angegeben ist, nicht auch
mit geschmacksähnlichen Produkten anderer Marken gemischt werden könnte. Denn welche Hausbar — und auf sie ist dieses Buch zu-
geschnitten — hat auch nur einen Teil der 257 einschlägigen Scotch
Whiskymarken parat? Ganz zu schweigen vom Irish Whiskey,
Bourbon, Rye und den Canadian Whiskeys.

Wer jedoch für eine bestimmte Party einen bestimmten Cocktail
vorsetzen möchte, dem wird durch präzise Angaben die Beschaffung
der nötigen Flaschenbatterie erleichtert und eine generelle Markt-
übersicht geboten, denn alle hier aufgezählten Baringredienzen sind
in Westdeutschland zu erhalten.

REGISTER